JN001324

つくおさ
the
BEST

nozomi

kobunsha

つくおき *the* BEST contents

PART 1
肉・魚のメインおかず 編 … 9

MAIN **1** 鶏肉のおかず

MAIN **2** 豚肉・牛肉のおかず

MAIN **3** 魚のおかず

PART 2
野菜のサブおかず 編 …… 57

SUB **1** フライパンのおかず

SUB 2 鍋のおかず

SUB 3 オーブンのおかず

SUB 4 火を使わないおかず

オマケ 簡単プレーンスコーン ………… 86

"つくおき"とは

あらかじめおかずを作って保存しておく、作り置き。
冷蔵庫や冷凍庫に作り置きした料理があれば、
日々の食卓の、強い味方になってくれます。
余りがちな食材の活用もできて、一石二鳥。

"つくおき"には、
時間がたってもおいしく食べられるおかず作りのコツが満載です。
メインおかず、サブおかず、下ごしらえまでしておくおかずなど、
さまざまな作り置きおかずを、ライフスタイルに合わせて取り入れれば
日々のごはん作りがぐっと楽になります。
今日のごはん、どうしよう……の悩みを解消する、
おいしくて頼りになる作り置きレシピです。

作り置きのメリット

① 時短になる

時間があるときにおかずをまとめて作っておけば、食べる直前にかかる手間はあたためと盛り付けだけ。
一品作ってあるだけでも、毎日のごはん作りが格段にラクになります。

② 節約になる

食材は、ファミリーパックや大袋のほうがお得なもの。1回のごはん作りでは使い切れない量でも、作り置きならまとめて消費できてムダがありません。
ちょっと余った半端な食材も作り置きおかずとして活用できます。

③ 頼りになる

冷蔵はもちろん冷凍できるおかずもたくさん紹介しています。日持ちするから、どうしても料理ができないときや、あと一品が欲しいときに大活躍。未来の自分を助けられるのも、作り置きおかずのいいところです。

つくおきの
取り入れ方いろいろ

まとめて作り置き

週末などの時間があるときに、メインおかずとサブおかずを何品かまとめて作り置き。
我が家では1〜2時間で、8〜10品を作っておくことが多いです。
だいたい5日ほどで消費します。
平日いそがしかったり、食事の時間がバラバラだったりしてもフレキシブルに対応できます。

すきまで作り置き

ちょっとした時間に、ぱぱっとできる作り置きおかずを仕込んでおきます。
5分か10分あればできるような、切ってあえるだけのおかず、レンジ調理でできるおかずを選ぶのがオススメです。
いざというときに一品あるだけで、かなり助かります。
私は、こういったすきまの時間を使ってメインおかずの漬け込みなどを行うこともあります。

ついでに作り置き

作ってすぐに食べるおかずを調理するとき、ついでに同じ食材を使って作り置きおかずも準備します。
どうせ作るなら1品も2品も変わらない！　という方には特にオススメの作り置きです。
調理器具を出したりしまったりする手間がまとまり、効率アップ。
つくおきレシピの中からすぐに食べるおかずを選び、多めに作って半分をその日のおかずに、もう半分を保存用にすることも。

まとめて作り置き
効率アップのコツ

準備　使うものを出しておく

冷蔵庫から出せる野菜はキッチンに並べて見える範囲に置いておくことで、複数のおかずを作るときに切り忘れ、入れ忘れがないようにします。使う予定の調味料もできるだけ出しておくとスムーズです。

基本ルール 1　切りものはある程度まとめて

最初に全部の切りものをするというやり方もあると思いますが、私の場合は、お湯を沸かしている間や煮込んでいる間に次に調理に取りかかる食材を切り、ボウルなどに入れています。作業スペースが限られているので、準備ができたらどんどん切った食材を使い、スペースを空けるようにしています。

ある程度切ったらボウルなどにまとめておきます。

ちょっとだけ切るためや切り忘れがあったときのために、ミニまな板も使っています。

基本ルール 2 サブおかずはゆでるものから

調理器具が汚れない順に手をつけます。まずは、ゆでる必要がある野菜をひとまとめに。煮る、オーブン調理といった「ほったらかし」ができるものは中ごろにスタートして調理器具まかせに。つきっきりになりがちな炒める、焼く、揚げるといったフライパン調理は後半に。最後に、粗熱が取れたゆで野菜や戻し終わった乾物などを使ってあえものを作ります。

① ゆでる

② 炒める・焼く

③ あえる

基本ルール 3 メインおかずは煮るものから

同時調理に慣れないうちは、メインおかずとサブおかずを作る工程を分けたほうが混乱せず作りやすいと思います。下味つけは前日に行っておくか、サブおかずの調理前に。野菜の下ごしらえはサブおかず調理の工程に組み込んで。火にかけるのは煮る→オーブンで焼く→揚げる→炒める、の順に行います。ただしオーブン調理や煮物でも時間がかかるものは先に着手します。

① 煮る　→　② オーブンで焼く

③ 揚げる　→　④ 炒める・焼く

この本の使い方

- 材料や作り方にある「小さじ1」は5mL、「大さじ1」は15mL、「1カップ」は200mLです。
- 野菜類は、特に表記のないものは洗う、皮をむくなどの作業を済ませてからの手順を説明しています。
- 本書で使用している電子レンジは500Wです。
- 電子レンジやオーブンなどの調理器具をご使用の際には、お使いの機種の取扱説明書にしたがってください。加熱時間の目安、ラップやポリ袋類、耐熱調理器具の使用方法などに関しては、取扱説明書にある使い方を優先してください。
- 調理時間は、漬け込む時間などを省いた時間です。
- 保存容器はお使いのものの取扱説明書にしたがって、洗浄・消毒した清潔な状態でご使用ください。
- 表記されている金額は編集部調べ（2020年9月現在）です。

アイコンの見方

¥ 費用 000円	このレシピを作るのにかかるおおよその費用です（※編集部調べ）
🕐 調理 00分	このレシピを作るのにかかるおおよその時間です。漬け込むなど下処理にかかる時間は省いています。
改良レシピ	書籍初出時から改良して、さらにおいしく作りやすくなったレシピです。
❄ 冷凍OK	冷凍可能なレシピです。冷凍する際にはフリーザーバッグに入れ、空気をできるだけ抜いて冷凍しています。

保存 冷蔵●日間	冷蔵庫で何日程度日持ちするかを説明しています。冷凍したおかずは、時間がたつと霜や独特のにおいがつくので、3週間以内に食べきることをオススメします。

フライパン調理　　鍋調理　　電子レンジ調理　　オーブン調理　　使用する調理器具を説明しています。

お弁当に	汁が出にくいなどお弁当に持っていくのにおすすめのおかずです。
👧👦 子どもOK	「辛くない」「酸っぱすぎない」「スパイスひかえめ」など、刺激的ではない味付けのレシピです。

1
PART

肉・魚の
メインおかず 編

食卓の主役になるメインおかずの作り置き。
今回は、過去の書籍やサイトで人気だったものを集めました。
子どもから大人まで、みんなが喜ぶレシピが大集合。
「これも作り置きできるんだ！」と驚く定番おかずから
保存に向いている「つくおき」のオリジナルおかずまで。
お弁当に入れやすい、手間なく作れる、おいしさが長持ちするなど
工夫を凝らした45品です。
メインのおかずが作ってあるだけで、
ごはん作りの負担がぐんと少なくなります。

鶏肉のおかず
CHICKEN

手軽に買いやすく、子どもも大好きな食材。作り置きの際のポイントは、
温め直してもパサつかないこと。おいしくジューシーに食べられる工夫がいっぱいです。

筑前煮

¥ 費用 593円	🕐 調理 30分	改良 レシピ	保存 冷蔵5日間	鍋調理	お弁当に	子どもOK

材料（保存容器大1個分）

鶏もも肉 ……… 約250g	にんじん ……………… 1本	Ⓐ 酒 …………… 大さじ2	
板こんにゃく ………… 1枚	絹さや ……………… 4〜5枚	みりん、砂糖	
ごぼう（細）………… 1本	しょうゆ ………… 大さじ3	……… 各大さじ1.5	
れんこん ………… 1節	サラダ油 …………… 適量	水 ………… 100mL	

根菜がたっぷり食べられて
サブでも満足度大

作り方

1 こんにゃくは適当な大きさにちぎって下ゆでする。ごぼうは2〜3cm幅の斜め切りに、れんこんはいちょう切りにし、まとめて水にさらす。にんじんは小さめの乱切りにする。鶏肉は常温に戻して余分な脂を取り除き、フォークなどで数カ所穴をあけ、一口大に切る。

2 なべに油を熱し、鶏肉を入れ、中火で表面の色が変わるくらいまで炒める。残りの**1**を入れ、全体に油が回るよう炒め合わせる。

3 Ⓐを加え、煮立ったらフタを取り、しょうゆを入れる。落としブタをして弱火で20分ほど煮込み、煮汁が少なくなってきたら、時々混ぜながら煮る。

4 絹さやをさっとゆでる。**3**の煮汁が少なくなったら、絹さやを散らす。

📝 メモ

こんにゃくは手やスプーンでちぎります。断面がでこぼこになり、味がしみ込みやすくなります。鶏肉は表面を焼くことで肉の臭みが飛び、香りが立ちます。

みそマヨ
チキン

みそ＋マヨでコクが出て
ごはんがすすむ

¥ 費用 272円	🕐 調理 15分

❄ 冷凍 OK	🗄 保存 冷蔵5日間

フライパン調理　お弁当に　子どもOK

材料（保存容器大1個分）

鶏もも肉 ……………………… 約350g
Ⓐ　マヨネーズ …………… 大さじ2
　　みそ、みりん …… 各大さじ1
　　砂糖、オイスターソース
　　……………………… 各小さじ1
小ねぎ（小口切り）………… 好みで
サラダ油 ……………………… 適量

作り方

1 鶏肉は常温に戻して余分な脂を取り除き、フォークなどで数カ所穴をあけ、食べやすい大きさに切る。

2 フライパンに油を熱し、鶏肉を皮目を下にして入れて焼く。きつね色になったら裏返してもう片面も焼く。

3 合わせたⒶを入れて、水分を飛ばしながら炒め合わせる。好みで小ねぎを散らす。

📝 メモ

マヨネーズとみそは焦げつきやすいので、入れる前に火を弱めてください。火加減はだいたい弱火から中火の間くらいです。
また、鶏肉料理全般に言えることですが、冷たいまま焼くと肉質が固くなるので、火を通す15〜30分前には冷蔵庫から出して常温に戻します。

はんぺん入りでやわらかい
梅、しそ、チーズの相性バツグン

梅しそ
チーズの
棒つくね

¥ 費用 459円	⏰ 調理 30分

❄ 冷凍 OK	🗄 保存 冷蔵5日間

フライパン調理	お弁当に	子どもOK

材料（保存容器大1個分）

鶏むねひき肉	約300g
はんぺん（大判）	1枚
青じそ（みじん切り）	5枚
Ⓐ 砂糖	大さじ½
しょうゆ、みりん	各小さじ1
塩	少々
梅干し（大）	1粒
プロセスチーズ	適量
片栗粉、サラダ油	各適量

作り方

1 はんぺんは袋に入ったまま、手で握ってつぶす。梅干しは種を除き、包丁でたたいてペースト状にする。

2 ボウルにひき肉、はんぺん、青じそ、Ⓐを入れてよく混ぜ合わせ12等分にする。ひとつを手のひらの上に広げ、梅干し、チーズをそれぞれ ½ 量のせて包み、棒状に成形する。残りも同様にする。

3 2に片栗粉を振り、はたいて余分な粉を落とす。多めの油を入れたフライパンで揚げ焼きにする。

📝メモ

溶け出しにくいプロセスチーズを使います。

ゆで鶏きゅうり

¥ 費用 305円	調理 70分	改良 レシピ	保存 冷蔵4日間	鍋調理	お弁当に	子どもOK

材料（保存容器大1個分）

鶏むね肉 ……………………… 約400g
砂糖 …………………………… 大さじ½
塩 ……………………………… 小さじ½
きゅうり ……………………… 2本
片栗粉 ………………………… 小さじ2

A 調味酢、しょうゆ、砂糖、すり白ごま ……………………………… 各大さじ2
ごま油 ………………………… 小さじ1

作り方

1 鶏肉は皮と余分な脂を取り除き、観音開きにして、フォークで数カ所穴をあけて砂糖→塩の順ですり込み、ポリ袋などに入れて冷蔵庫で20分〜一晩おく。

2 1を常温に戻す。なべにたっぷりの湯を沸かして火を止める。片栗粉をまんべんなくつけた1を入れ、フタをして60分ほどおく。

3 きゅうりはまな板の上に並べ、塩（分量外）を振って板ずりをしてから、キッチンペーパーで水けをふき取って細切りにする。2の鶏肉を食べやすい大きさに手でさいて容器に入れ、きゅうり、合わせたAを加えて混ぜ合わせる。

📋メモ

鶏肉に砂糖と塩をもみ込むことで、保水効果によりやわらかく仕上がります。砂糖と塩どちらも、つやが出るまでしっかりもみ込みます。冷蔵庫で一晩寝かせると、より効果が出ます。

冷たいままでもあたためてもおいしい常備菜

鶏肉と長ねぎの甘辛炒め

¥ 費用 481円	⏱ 調理 15分	❄ 冷凍 OK	🧊 保存 冷蔵5日間	🍳 フライパン調理	🍱 お弁当に	👧👦 子どもOK

材料（保存容器大1個分）

鶏もも肉 ……………………………… 約350g
長ねぎ ………………………………… 1本
サラダ油 ……………………………… 適量

Ⓐ 塩、粗びき黒こしょう ………… 各少々
Ⓑ みりん ……………………………… 大さじ2
　 しょうゆ …………………………… 大さじ1
　 砂糖 ………………………………… 小さじ1

焼き鳥の「ねぎま」風
親しみやすいおいしさ

作り方

1 鶏肉は常温に戻して余分な脂を取り除く。フォークなどで数カ所穴をあけ、食べやすい大きさに切ってⒶを振る。長ねぎは2cm程度のぶつ切りにする。

2 フライパンに油を熱し、鶏肉は皮目を下にして、長ねぎは適当に、それぞれ入れ、中火で焼く。

3 2の片面を色が変わるくらいまで焼いたら、裏返してフタをし、3分ほど蒸し焼きにする。

4 Ⓑを加えて火を強め、煮からめる。

📝 メモ

長ねぎは少しくたっとして甘みが出るくらいまで蒸し焼きにします。最後に火を強めると、みりんと砂糖がとろりとしてくるので、鶏肉と長ねぎにしっかりとたれがからむまで加熱します。

ヤンニョム
チキン

こってり甘辛、
ごはんもお酒もすすむ味

（¥）費用 **443円**　（⏱）調理 **20分**

（❄）冷凍 **OK**　（🗄）保存 **冷蔵5日間**

フライパン調理　お弁当に

材料（保存容器大1個分）

鶏もも肉 ……………………… 約400g
A しょうゆ ……………… 小さじ1
　　にんにく（すりおろし）
　　………………………… 1かけ分
B コチュジャン、みりん
　　………………………… 各大さじ1.5
　　砂糖 …………………… 大さじ1
　　しょうゆ ……………… 大さじ½
片栗粉、サラダ油 ………… 各適量

作り方

1 鶏肉は常温に戻して余分な脂を取り除く。フォークなどで数カ所穴をあけ、一口大に切って **A** をもみ込む。

2 フライパンに多めの油を熱し、片栗粉をまぶした **1** を入れ、揚げ焼きにして一度取り出す。

3 フライパンに残った余分な油をふき取り、混ぜ合わせた **B** を入れて熱し、**2** を戻してからめる。

📝 メモ

みりんと砂糖が入っていて濃度のある調味液は焦げやすいので注意。すでにフライパンが熱いところに投入するので、弱火から熱し始めて水分を飛ばしてください。辛いのが苦手な方はコチュジャンの量を調整してくださいね。

コクとうまみばっちりの
時短バターチキン

バターチキンカレー

¥ 費用 406円	⏱ 調理 20分	♻ 改良レシピ

❄ 冷凍 OK	🗄 保存 冷蔵5日間

🍳 フライパン調理	🍱 お弁当に	👧👦 子どもOK

材料（保存容器中1個分）

鶏もも肉 ························· 約350g
Ⓐ 酒 ···························· 大さじ1.5
　にんにく（チューブ）、
　　しょうが（チューブ）··各3cm
　ガラムマサラ ················ 少々
玉ねぎ ···························· ½個
バター ···························· 30g
ガラムマサラ、クミンパウダー
··························· 各小さじ1
Ⓑ トマト缶 ···················· 1缶
　顆粒コンソメ ·············· 小さじ2
Ⓒ 生クリーム ·············· 100mL
　カレールー（フレーク）
··························· 大さじ5

作り方

1 鶏肉は余分な脂を取り除き、3cm角の角切りにする。ポリ袋に入れ、Ⓐを加えてよくもみ込み、冷蔵庫に入れて20分〜一晩おく。

2 1を常温に戻す。玉ねぎは薄切りにする。

3 フライパンにバターを熱し、玉ねぎとガラムマサラ、クミンパウダーを入れ、弱めの中火で炒める。玉ねぎの表面がすき通ってきたら中火にして鶏肉を入れ、表面を焼く。

4 Ⓑを加えてよく混ぜ、全体がふつふつとするまで煮る。

5 弱めの中火にしてⒸを加え、よく混ぜながら3分ほど煮る。

📝 メモ

スパイスは好みのものを使用してアレンジできます。カレーフレークがない場合は市販のルーをけずって使ってください。
最後に煮立たせると、生クリームが分離してしまうので注意してください。

手羽元の
オーブン焼き

¥ 費用 406円	調理 30分	改良 レシピ	❄ 冷凍 OK	保存 冷蔵5日間	オーブン調理	お弁当に	子どもOK

材料（保存容器大1個分）

鶏手羽元 ································· 10〜11本

Ⓐ しょうゆ、酒 ····················· 各大さじ2
　はちみつ ····························· 大さじ1
　しょうが（チューブ）、にんにく（チューブ）
　································· 各3cm
　粗びき黒こしょう ····················· 適量

作り方

1 ポリ袋に手羽元とⒶを入れて全体をよくなじませ、冷蔵庫で20分〜一晩おく。

2 1を常温に戻す。オーブンは220℃に予熱する。

3 クッキングシートをしいた天板に手羽元の皮目を上にして並べ、オーブンで20〜25分焼く。

📝 メモ

手羽元は常温にすることで火の通りがよくなります。冷蔵庫から出してすぐ調理するのではなく、冷蔵庫から取り出して15〜30分たってから焼くようにします。

甘みがあってジューシー
焼き色までおいしい

チキンの
トマト煮込み

¥ 費用 503円	⏰ 調理 40分	❄ 冷凍 OK	🧊 保存 冷蔵5日間	🍳 フライパン調理	お弁当に	👨‍👩 子どもOK

材料（保存容器大1個分）

鶏もも肉 ……………………………… 約350g
ピーマン ………………………………… 2個
玉ねぎ …………………………………… 1個
にんにく（みじん切り）…… 1かけ分（好みで）
サラダ油 ………………………………… 少々

🅐 トマト缶 ……………………………… 1缶
　 白ワイン ………………………… 50mL
　 顆粒コンソメ、塩 ………… 各小さじ1
パセリ …………………………………… 好みで

トマト缶と白ワインで
失敗のない味

作り方

1 鶏肉は常温に戻して余分な脂を取り除く。フォークなどで数カ所穴をあけ、一口大に切る。玉ねぎは薄切りに、ピーマンは細切りにする。

2 フライパンに薄く油を熱し、鶏肉を皮目を下にして入れて火にかけ、両面を焼く。

3 フライパンの余分な油をキッチンペーパーでふき取り、玉ねぎ、ピーマン、好みでにんにくを入れ軽く炒め合わせる。

4 🅐を加え、落としブタをして、途中焦げつかないように数回底からかき混ぜながら、弱めの中火で20分ほど煮る。落としブタを取り、水っぽさがなくなるまで煮詰め、好みでパセリを散らす。

基本の
から揚げ

¥ 費用 **430**円	⏱ 調理 **20**分	🍴 改良レシピ
❄ 冷凍 OK	🗄 保存 冷蔵5日間
🍳 フライパン調理	📱 お弁当に	👦👧 子どもOK

しょうゆ味ベース、
さっくり食感の定番レシピ

材料（保存容器大1個分）

鶏むね肉 ……………………… 約400g
砂糖 …………………………… 大さじ½
塩 ……………………………… 小さじ½
Ⓐ しょうゆ …………………… 大さじ1
　 にんにく（チューブ）、
　 しょうが（チューブ）
　 ………………………………… 各2cm
片栗粉、サラダ油 ………… 各適量

作り方

1 鶏肉は余分な脂を取り除く。フォークなどで数カ所穴をあけ、食べやすい大きさに切り、砂糖→塩の順によくもみ込む。

2 ポリ袋に**1**を入れ、Ⓐを加えてもみ込み、冷蔵庫で20分〜一晩おく。

3 **2**を常温に戻す。鶏肉を袋から出し、水けを軽く切る。バットに片栗粉を広げ、鶏肉にまんべんなくまぶす。

4 フライパンに多めの油を熱し、中火〜強めの中火で**3**を揚げ焼きにする。

📝 メモ

直径26cmのフライパンに大さじ4ほどの油をひいています。裏返すとき以外はなるべく動かさないでください。衣がはがれたり、きれいな揚げ色にならなかったりします。
熱がこもってべちゃっとしないように、保存容器に移す際は完全に冷めてから。

塩レモン
から揚げ

さっぱりレモンの風味がおいしい

¥ 費用 424円	⏲ 調理 20分
❄ 冷凍 OK	🧊 保存 冷蔵5日間
🍳 フライパン調理	📱 お弁当に	👦👧 子どもOK

材料（保存容器大1個分）

鶏もも肉 ······················ 約400g
Ⓐ レモン汁 ················· 大さじ1
　中華スープのもと ····· 小さじ1
　にんにく（チューブ）、
　　しょうが（チューブ）
　　···························· 各3cm
　粗びき黒こしょう ········· 少々
片栗粉、サラダ油 ··········· 各適量

作り方

1 鶏肉は余分な脂を取り除き、一口大に切る。

2 ポリ袋にⒶを入れて混ぜ合わせ、1を加えてよくもみ込み、冷蔵庫で20分～一晩おく。

3 2を常温に戻す。バットに片栗粉を広げ、2にまんべんなくまぶす。

4 フライパンに多めの油を熱し、中火～強めの中火で3を揚げ焼きにする。

📝 メモ

中華スープのもとは商品によって塩分量が異なるので、お使いのものに合わせて分量を調整してください。中華スープのもとは溶けづらいので、味にムラが出ないように鶏肉を入れる前に袋の上からよくもんで溶かします。

鶏むね肉の
ピリ辛ケチャップソース

¥ 費用 273円	⏱ 調理 20分	♺ 改良 レシピ	❄ 冷凍 OK	保存 冷蔵5日間	🍳 フライパン調理	お弁当に

材料（保存容器大1個分）

鶏むね肉	約350g	A トマトケチャップ	大さじ2
砂糖	大さじ½	みりん	大さじ1
塩	小さじ½	しょうゆ、豆板醤	各小さじ1
片栗粉、いり白ごま、サラダ油	各適量	にんにく（チューブ）	好みで

作り方

1 鶏肉は余分な脂を取り除き、一口大に切る。砂糖→塩の順でもみ込み、ポリ袋に入れて冷蔵庫で20分〜一晩おく。

2 1を常温に戻す。フライパンに多めの油を熱し、まんべんなく片栗粉をつけた鶏肉を入れて揚げ焼きにする。網などにとって油を切る。

3 フライパンの余分な油をふき取り、Aを合わせたものを入れて火にかける。2を加え、弱めの中火で煮からめて、いり白ごまを振る。

📝メモ

たれがフライパンに焦げつかないよう、煮からめるときは火加減に気をつけてください。

ほんのりすっぱ辛さがクセになる

21

えだまめひじきの鶏団子

費用	調理	冷凍	保存			
¥ 594円	30分	OK	冷蔵7日間	オーブン調理	お弁当に	子どもOK

材料（保存容器大1個分）

鶏むねひき肉 ………………………… 約350g
はんぺん（大判） ……………………… 1枚
乾燥芽ひじき ……………………………… 約10g
ゆでえだまめ（冷凍でも）………… 20さや

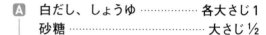 白だし、しょうゆ ………… 各大さじ1
　　砂糖 ……………………………… 大さじ ½

はんぺん入りでさっくり食感
お弁当にもオススメ

作り方

1 ひじきは水で戻し、ざるにあげて水けを切る。えだまめはさやから出す。はんぺんは袋の上から手ですりつぶす。オーブンを200℃に予熱する。

2 ボウルにひき肉を入れ、粘りが出るまでこねる。残りの材料を入れてよく混ぜ合わせる。

3 天板にクッキングシートをしき、直径3〜4cmの平たい丸形に成形した**2**を並べてオーブンで20分焼く。

📝 メモ

時間に余裕があれば、肉だねは冷蔵庫で30分〜1時間寝かせると、味がなじみ、成形もしやすくなります。私は前日の夜か当日の朝に肉だねを作り、ラップをして寝かせています。
オーブン以外で作る場合は、フライパンで揚げ焼きにしてもよいです。

黒ごま甘だれスパイシーチキン

¥ 費用 294円	⏰ 調理 20分	改良レシピ

❄ 冷凍 OK	保存 冷蔵5日間

フライパン調理	お弁当に

こしょうをたっぷりきかせた、ごまの食感も楽しいおかず

材料（保存容器大1個分）

鶏むね肉 ……………………… 約400g
砂糖 …………………………… 大さじ½
塩 ……………………………… 小さじ½
Ⓐ みりん ……………………… 大さじ3
　 しょうゆ …………………… 大さじ2
　 にんにく（チューブ）…… 4cm
片栗粉、粗びき黒こしょう、
　 いり黒ごま ……………… 各適量

作り方

1. 鶏肉は余分な脂を取り除き、フォークなどで数カ所穴をあけ、一口大に切る。砂糖→塩の順でよくもみ込み、ポリ袋に入れて冷蔵庫で20分〜一晩おく。

2. 1を常温に戻す。フライパンに多めの油（分量外）を熱し、まんべんなく片栗粉をつけた鶏肉を入れて揚げ焼きにする。網などにとって油を切る。

3. フライパンの余分な油をふき取り、合わせたⒶを入れて火にかける。鶏肉を加え、中火で煮からめて、粗びき黒こしょうといり黒ごまを振り、からめる。

📝 メモ

黒こしょうの量はお好みですが、たっぷりがオススメ。ピリ辛にするとお酒によく合うおつまみ味になります。

野菜をたくさん使った彩りのいいおかず

酢鶏

¥ 費用 678円	🕐 調理 20分	🗜 改良レシピ

❄ 冷凍 OK	🗄 保存 冷蔵5日間

🍳 フライパン調理　📱 お弁当に　👧👦 子どもOK

材料（保存容器大1個分）

鶏むね肉	約350g
パプリカ（赤・黄）	各1個
ピーマン	3個
玉ねぎ	¼個
片栗粉	大さじ1
Ⓐ 酒	大さじ1
しょうゆ	小さじ1
Ⓑ 調味酢	大さじ3
しょうゆ	大さじ2.5
トマトケチャップ	大さじ2
にんにく（チューブ）	1cm
サラダ油	適量

作り方

1　鶏肉は余分な脂を取り除き、フォークなどで数カ所穴をあけ、2〜3cm角に切る。ポリ袋に鶏肉とⒶを入れ、よくもみ込み、冷蔵庫で20分〜一晩おく。

2　1を常温に戻す。パプリカ、ピーマン、玉ねぎは幅1cm、長さ2cmぐらいの大きさにそろえて切る。鶏肉には片栗粉をまぶす。

3　フライパンに油を熱し、2の野菜を入れ、全体に油が回るよう炒め合わせる。

4　野菜をフライパンの端によせ、鶏肉を入れて、表面の色が変わるぐらいまで焼く。

5　混ぜ合わせたⒷを入れて、中〜強火で水分がほどよく飛ぶまで煮からめる。

📝 メモ

調味酢ではなく普通の穀物酢を使うときは、酢の分量を減らし、砂糖を少し加えるとよいです。

鶏肉に片栗粉をまぶすときは、ポリ袋に鶏肉と片栗粉を入れて振ると、ラクにまぶせます。

鶏肉がもっとおいしくなるコツ

作り置きしてもやわらかくおいしく食べられるよう、下ごしらえや火の通し方には気をつけています。
シンプルな料理の場合は特に、この工程の有無が味を左右します。

下ごしらえのポイント

① 鶏むね肉、鶏ささみ、鶏もも肉は肉の厚みを均一にする

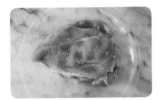  

【鶏むね肉】

皮と余分な脂を取り除き、中まで火が通るように観音開きにします。まず、鶏肉の中央に厚さ半分くらいまで切り込みを入れ、次にそこから左右に切り込みを入れます。開いたときにできるだけ肉の厚さが均等になるように、切り込みを入れてください。

【鶏ささみ】

筋を取ったら、中央に厚み半分くらいまで切り込みを入れ、次にそこから左右に切り込みを入れます。開いたときにできるだけ肉の厚さが均等になるように、切り込みを入れてください。

【鶏もも肉】

広げるとわかりますが、鶏もも肉にはくぼんでいる部分があります。はみ出ている部分やでっぱっている部分を切り取り、くぼんでいる部分にはめ込むと、厚さが均一になり、ムラなく火が通ります。皮はお好みで取り除いてください。

② フォークなどで数カ所穴をあける

【鶏手羽元】

鶏手羽元は骨があってフォークだとさしづらいので、ミートテンダライザー（肉筋切り器）を使うことをオススメします。

③ 鶏むね肉は砂糖→塩の順によくもみ込む

パサつきがちな鶏むね肉は、砂糖と塩をもみ込むことで、保水効果によりやわらかく仕上がります。砂糖と塩どちらも、つやが出るまでしっかりもみ込みます。冷蔵庫で一晩寝かせると、より効果が出ます。私は前日に下ごしらえをして一晩おいておきますが、1〜2分もみ込むだけでも効果があります。

火を通すときのポイント

① 常温に戻す

冷たいまま調理すると火の通りにムラが出るので、調理前に冷蔵庫から出して常温に戻します。時間に余裕があれば15〜30分は室内に置いておくとよいです。シンプルな料理のときには、特に大事です。

② 皮目はしっかり焼く

フライパンで鶏もも肉などを焼くときは、肉に熱が入って焼き縮みはじめたら、フライ返しなどで上からおさえるとよいです。皮目がしっかりと焼けます。手でおさえてもよいですが、やけどにはご注意ください。

豚肉、牛肉のおかず
PORK　BEEF

煮てよし、焼いてよし、炒めてよしと、応用の幅が広い優秀食材を使った作り置き。
コクとうまみがたっぷりなので、しっかりと満足感を得ることができます。

白菜と豚バラ肉のうま煮

¥ 費用 721円	⏱ 調理 20分	❄ 冷凍 OK	🍱 保存 冷蔵5日間	🍲 鍋調理	👧👧 子どもOK

材料（保存容器大1個分）

豚バラ薄切り肉 ···· 約350g
白菜 ······················· ¼株
塩 ·························· 少々

Ⓐ みりん、しょうゆ、水
　　············· 各大さじ2
　中華スープのもと
　　············· 小さじ1

Ⓑ 片栗粉、水
　　············· 各大さじ1

豚肉のうまみが白菜にからんで
とろりと体もあたたまる

作り方

1 白菜は葉を2cm幅のざく切りに、芯を1cm幅の細切りかそぎ切りにする。豚肉は食べやすい大きさに切る。

2 Ⓑは混ぜ合わせ、水溶き片栗粉を作る。

3 大きめのなべに白菜、豚肉、Ⓐを順番に入れてフタをし、煮立ったら弱～中火で5分煮る。

4 フタを取り、全体をかき混ぜる。再びフタをし、さらに5分煮て、塩で味をととのえる。

5 火を弱め、水溶き片栗粉でとろみをつける。

📝 メモ

豚肉はコクとうまみがたっぷりの豚バラがオススメですが、豚こまや豚ロースなど、赤身の多いほかの部位で作ってもよいです。はじめは煮汁が少ないと感じるかもしれませんが、煮ると白菜から水分がどんどん出てきます。

豚肉の
しょうが焼き

¥ 費用 **401** 円	🕐 調理 **10** 分

❄ 冷凍OK （下味冷凍OK）	🗄 保存 冷蔵4日間（漬けた状態）

フライパン調理	お弁当に	子どもOK

材料（保存容器大1個分）

豚ロース薄切り肉 ……… 約300g
しょうが（すりおろし）…… 1かけ分
玉ねぎ ………………………… ½個
A しょうゆ …………… 大さじ2
砂糖、みりん、酒
………………… 各大さじ1.5
みそ ………………… 小さじ2
サラダ油 …………………… 適量

漬けるだけで簡単！
みそを少し足すことで
コクが出て、お肉もやわらかく

作り方

1 豚肉はフォークで数カ所穴をあけ、食べやすい大きさに切る。

2 ポリ袋にしょうがと **A** を入れ、しっかりと混ぜ合わせる。豚肉を加えてよくもみ、漬け込む。作り置きの場合は、この状態で冷蔵（冷凍）保存する。

3 フライパンに油を熱し、薄切りにした玉ねぎを入れ、弱めの中火で軽くすき通るくらいまで炒める。

4 玉ねぎをフライパンの端によせてから豚肉を入れ、広げながら炒める。仕上げに漬け汁をかけ、全体を炒め合わせる。

||||||||||||||||||||||||||||||||||||||||

📝 メモ

しょうが焼きにはチューブより生のしょうがを使ったほうがおいしく仕上がります。
冷蔵保存4日と書いていますが、漬けて2、3日めが味の漬かり具合もちょうどよく、一番おいしい食べごろです。

ジューシーなハンバーグを
大人も子どもも
食べやすい甘めのソースで

煮込み
ハンバーグ

¥ 費用 327円	⏱ 調理 40分	♻ 改良 レシピ

❄ 冷凍 OK	🗄 保存 冷蔵5日間

🍳 フライパン調理	🍲 鍋調理	🔲 電子レンジ調理

🍱 お弁当に	👧 子どもOK

材料（保存容器大1個分）

豚ひき肉	約300g
にんじん	½本
玉ねぎ	¼個
卵	1個
パン粉	½カップ
ナツメグ	少々
Ⓐ トマトケチャップ	100mL
白ワイン	80mL
中濃ソース	50mL
砂糖	大さじ½
サラダ油	適量

作り方

1 にんじん、玉ねぎはみじん切りにする。耐熱容器に入れ、ふわりとラップをして500Wの電子レンジで3分ほど加熱し、冷ます。

2 ボウルにひき肉を入れて、粘りが出るまでこねる。卵、パン粉、ナツメグ、**1**を入れてさらにこねる。ラップをして冷蔵庫に入れ、30分〜1時間寝かせる。

3 **2**を冷蔵庫から出し、8等分して成形し、油をひいたフライパンに並べる。強火で2分ほど焼き、焼き目がついたらひっくり返してフタをし、中火で3〜4分蒸し焼きにする。

4 ソースを作る。Ⓐをなべに入れて弱火で3〜5分熱する。**3**を入れてさらに10〜15分煮る。

📋 メモ

ひき肉は、合いびき肉や牛ひき肉でもよいです。豚ひき肉の割合が高いほどあっさりしたハンバーグになります。
こねた肉だねは冷蔵庫で休ませることで味がなじみ、成形もしやすくなります。

ピーマンの肉詰め

￥ 費用 470円	🕐 調理 30分	改良 レシピ	❄ 冷凍 OK	🔲 保存 冷蔵5日間

フライパン調理　電子レンジ調理　お弁当に　子どもOK

材料（保存容器大1個分）

豚ひき肉 ············· 約300g
ピーマン ···················· 5個
玉ねぎ ······················ ¼個
片栗粉、サラダ油 · 各適量

A 片栗粉 ·········· 大さじ1
しょうゆ ······· 小さじ1
塩、粗びき黒こしょう
············· 各少々

B トマトケチャップ·· 大さじ3
オイスターソース
················ 大さじ1.5
しょうゆ ····· 大さじ½
水 ·············· 大さじ2

作り方

1 玉ねぎはみじん切りにする。耐熱容器に入れ、ふわりとラップをして500Wの電子レンジで2分ほど加熱し、広げて冷ます。

2 ボウルにひき肉と**A**、**1**を入れ、しっかり混ぜ合わせる。

3 ピーマンは1cm幅の輪切りにし、まんべんなく片栗粉をつける。

4 **3**に**2**をぎゅうぎゅうに詰め、油をひいたフライパンに並べる。弱めの強火で2分ほど焼き、焼き色がついたら裏返し、フタをして弱火で4分蒸し焼きにする。

5 よく混ぜた**B**を加え、煮詰めるようにして全体に煮からめる。

||||||||||||||||||||||||||||||

📋 メモ

ピーマンは輪切りにするとお弁当にも入れやすくなります。ピーマンの頭の部分を5mmほど切り落とすと、種が3カ所ほど内側とつながっています。そこをキッチンバサミで切り、種部分をぐるりと回して引き抜きます。
ピーマンに片栗粉をまぶすときは、ポリ袋に片栗粉とピーマンを入れ、空気を入れてしゃかしゃか振ると簡単です。

閉じ込められた肉汁が食べるときにジュワッとあふれる

29

チンジャオロースー

（¥）費用 423円　（時計）調理 10分　❄ 冷凍 OK　保存 冷蔵5日間　フライパン調理　お弁当に　子どもOK

材料（保存容器大1個分）

豚こま切れ肉	約200g
たけのこ水煮（細切り）	1袋（150g）
ピーマン	3個
小麦粉	大さじ1
粗びき黒こしょう	適量（好みで）
酒、ごま油	各大さじ1

A
オイスターソース	大さじ1.5
酒、砂糖	各大さじ½
しょうゆ	小さじ½
にんにく（チューブ）	2cm

料理初心者にもオススメの簡単中華
具材を切って炒めて味付けするだけ

作り方

1 豚肉は細切りにし、ポリ袋に入れて酒をまぶし、もみ込む。ピーマンは細切りにする。たけのこ水煮は水けを切っておく。

2 1のポリ袋に小麦粉を入れ、口を閉じ、上下左右に振って豚肉に小麦粉をまんべんなくまぶす。

3 フライパンにごま油を熱し、豚肉を入れて表面の色が変わるくらいまで炒める。ピーマン、たけのこを加えて軽く炒め合わせる。

4 **A**を加えて炒め合わせ、好みで粗びき黒こしょうを軽く振る。

📝 メモ

豚肉は酒に漬けると臭みが減り、食感もやわらかくなります。
小麦粉をつけることで肉がさらにやわらかい食感になり、うまみも吸い上げてくれます。

肉団子の甘酢あん

甘酸っぱいたれが絶妙　お弁当にも重宝する、お惣菜の定番

¥ 費用 635円	⏱ 調理 30分	♻ 改良レシピ
❄ 冷凍 OK	🗄 保存 冷蔵5日間	

🍳 フライパン調理　　📱 お弁当に　　👧 子どもOK

材料（保存容器大1個分）

豚ひき肉 ………………………… 約500g
長ねぎ（白い部分）…………… 1本
Ⓐ しょうゆ、中華スープのもと
　　………………………… 各小さじ1
　 しょうが（チューブ）…… 4cm
　 片栗粉 ………………… 小さじ2
Ⓑ トマトケチャップ …… 大さじ2
　 しょうゆ ……………… 大さじ1.5
　 砂糖、穀物酢 …… 各大さじ1
いり白ごま ………………… 好みで
サラダ油 ……………… 大さじ3〜4

作り方

1　長ねぎはみじん切りにする。

2　ひき肉はボウルに入れ、粘りが出るまでこねる。1、Ⓐを入れ、さらによくこねる。ラップをして冷蔵庫で30分〜1時間寝かせる。

3　2を冷蔵庫から出して丸める。小さめのフライパンに油を入れ、強めの中火に熱し、丸めた肉だねを入れる。

4　菜箸で転がしながら5分ほど揚げ焼きにし、取り出す。

5　フライパンの油を捨ててキッチンペーパーでふき取り、Ⓑを入れて弱火にかけ、かき混ぜる。砂糖が溶けてとろみが出たら肉団子を戻し入れ、1〜2分煮からめる。好みでいり白ごまを振る。

📝 メモ

直径4cmくらいで丸めると、レシピの分量で約12個できます。揚げると少し縮むので、気持ち大きめに成形するとよいです。
揚げ焼きには直径20cmのフライパンを使っています。揚げていると肉の脂が出てきて、肉団子が半分ひたるくらいの油の量になります。丸い形のまま仕上がるよう、菜箸で転がしながら揚げ焼きにします。

これひと品で肉と野菜をバランスよく食べられる
野菜はお好みで変えても

たっぷり野菜のドライカレー

¥ 費用	719円	⏰ 調理	30分

❄ 冷凍 OK	🔲 保存 冷蔵5日間

🍳 フライパン調理	🍱 お弁当に	👧 子どもOK

材料（保存容器大1個分）

豚ひき肉	約300g
トマト（大）	1個
にんじん	1本
玉ねぎ	½個
ピーマン	3個
ズッキーニ	1本
にんにく、しょうが	各1かけ
A トマトケチャップ	大さじ3
カレー粉	大さじ1.5
顆粒コンソメ、オイスターソース	各小さじ1
塩	少々
サラダ油	適量

作り方

1. トマトは1.5cm角の角切りにし、残りの野菜、にんにく、しょうがはみじん切りにする。

2. フライパンに油を熱し、にんにくとしょうがを炒める。香りが立ったらひき肉を加えて表面の色が変わるまで炒め、残りの1をすべて加え、トマトをつぶしながら炒める。

3. 野菜に火が通ったら、**A**を加えて炒め合わせ、塩で調味する。

📝 メモ

このレシピのようにできるだけ細かくしたいときのみじん切りにはチョッパーが便利です。我が家ではフィリップスのマルチチョッパーを使用しています。ただし、繊維がチョッパーの歯にからまりやすいしょうがとにんにくは包丁でみじん切りにします。
食べるときには、揚げ焼きにした野菜をトッピングするのもオススメです。

肉じゃがピーマンの
うま炒め

¥ 費用 431円	⏱ 調理 15分	保存 冷蔵5日間	🍳 フライパン調理	🍱 お弁当に	👫 子どもOK

材料（保存容器大1個分）

豚薄切り肉	約300g
じゃがいも	1個
ピーマン	2〜3個
塩、粗びき黒こしょう	各少々
サラダ油	適量

Ⓐ		
	酒	大さじ1
	しょうゆ、砂糖	各大さじ½
	中華スープのもと	小さじ1.5

作り方

1 豚肉はフォークで数カ所穴をあけ、食べやすい大きさに切り、塩と粗びき黒こしょうを振る。Ⓐはボウルで混ぜ合わせる。

2 じゃがいもは1〜2cm幅の細切りにして水にさらし、ざるにあげて水けを切る。ピーマンは1cm幅の細切りにする。

3 フライパンに油を熱し、中火でじゃがいもを炒め、表面に火が通ったら、豚肉を入れる。

4 豚肉の表面の色が変わるくらいまで炒めたら、ピーマン、Ⓐを加えて、全体に味がいきわたるように炒め合わせる。

〽 メモ

豚肉は、コスパのよい豚こま切れ肉、うまみのある豚バラ肉、コクがあって脂のおいしさも感じられる豚肩ロース肉など、お好みのものをお使いください。
中華スープのもとは商品によって塩分量が異なるので、お使いのものに合わせて分量を調整してください。

豚肉、じゃがいも、ピーマンを炒め合わせるだけ　誰でも作れる気軽なおかず

野菜たっぷりの簡単チャプチェ

¥ 費用 485円	🕐 調理 15分	🍴 改良レシピ	🗄 保存 冷蔵5日間	フライパン調理	子どもOK

材料（保存容器大1個分）

豚ひき肉	約200g
乾燥春雨	40g
玉ねぎ	½個
長ねぎ	1本

にんにく	1かけ
いり白ごま、ごま油	各小さじ1
サラダ油	適量

A

水	80mL
しょうゆ	大さじ3
砂糖、酒	各大さじ2
コチュジャン	小さじ1

肉と野菜のうまみを吸った春雨としっかり甘辛な味付け ごはんによく合う一品

作り方

1 春雨は熱湯で戻して水けを切り、食べやすいサイズに切る。玉ねぎは薄めの半月切りに、長ねぎは5mm幅くらいの斜め切りに、にんにくはみじん切りにする。

2 フライパンに油を熱し、ひき肉を入れて強めの中火で色が変わるまでほぐしながら炒める。

3 フライパンの余分な油をキッチンペーパーでふき取る。1の野菜を加えて長ねぎに火が通るまで炒める。

4 春雨と**A**を加えて煮汁が少し減るくらいまで炒め煮にする。火を止めていり白ごまとごま油を回しかけ、軽く混ぜ合わせる。

📋 メモ

春雨は緑豆が原料のものとじゃがいもやさつまいもが原料のものがありますが、チャプチェの場合は、後者の春雨を使うことをオススメします。モチモチした食感がおいしいです。
商品によっては湯で戻さず、そのまま調理してもよいものもあります。パッケージに書いてある説明に従ってください。

豚肉と大根の炒め煮

¥ 費用	472円	🕐 調理	30分

❄ 冷凍 OK	🧊 保存 冷蔵5日間	

🍳 フライパン調理	🍱 お弁当に	👧👦 子どもOK

オイスターソースでコクうま
薄切りの大根に
よくしみ込んだこってり味

材料（保存容器大1個分）

豚肩ロース薄切り肉 ……… 約300g
大根 …………………………… ⅓本
A　みりん ……………… 大さじ2.5
　　しょうゆ …………… 大さじ1.5
　　オイスターソース、砂糖
　　　………………………… 各大さじ1
小ねぎ（小口切り）………… 好みで
サラダ油 …………………………… 適量

作り方

1　大根は皮をむいて、3〜4mm幅のいちょう切りにする。豚肉はフォークで数カ所穴をあける。

2　フライパンに油を熱し、豚肉を広げながら炒め、余分な油をキッチンペーパーでふき取る。

3　大根とAを加え、豚肉を大根の上にのせるようにする。フタをして弱火〜中火でときどき混ぜながら15分程度煮る。煮汁が多ければフタを取って火を強め、水分をほどよく飛ばす。好みで小ねぎを散らす。

📝 メモ

肩ロース肉はコクがあり、脂肪も適度にあるので食べやすく、幅広い料理に使えます。お好みで豚こま切れ肉などを使っても大丈夫です。

甘じょっぱくて食べやすいたれがとろりとからんだ、和風の照り焼きハンバーグ

和風 ハンバーグ

¥ 費用 353円	調理 30分	改良 レシピ

冷凍 OK	保存 冷蔵5日間

フライパン調理	お弁当に	子どもOK

材料（保存容器大1個分）

豚ひき肉	約300g
玉ねぎ	½個
卵	1個
パン粉	⅓カップ
A 粗びき黒こしょう、塩、粉山椒（好みで）	各適量
B しょうゆ、みりん	各大さじ1
白だし	大さじ½
砂糖、片栗粉	各小さじ2
水	50mL
小ねぎ（小口切り）	好みで

作り方

1　玉ねぎはみじん切りにする。

2　ボウルにひき肉を入れ、粘りが出るまでよくこねる。1、卵、パン粉、**A**を入れてさらによくこねる。

3　2を冷蔵庫で30分〜1時間寝かせる。

4　3を6等分に分けて直径4〜5cmの平たい円形に成形する。フライパンに並べて強火で2分ほど焼き、焼き色がついたら裏返す。フタをして弱火〜中火で7分ほど蒸し焼きにし、保存容器に取り出す。

5　4のフライパンの余分な油をふき取り、小ねぎと混ぜ合わせた**B**を流し入れ、弱火でほどよいとろみが出るまで加熱し、ハンバーグにかける。

📝 メモ

成形する際には、両手で肉だねをキャッチボールするようにして空気を抜きます。成形したら、真ん中を少しくぼませましょう。

フッ素樹脂加工（テフロン）などの焦げつかないフライパンをお使いなら、油はひかなくてもよいです。

肉だねをすべてフライパンに並べてから火にかけると、焼き上がりが均一になります。

豚肉とキャベツの にんにくバター炒め

¥ 費用 443円	⏱ 調理 15分	❄ 冷凍 OK	🗄 保存 冷蔵5日間	🍳 フライパン調理	🍱 お弁当に	👦👧 子どもOK

材料（保存容器大1個分）

豚肩ロース薄切り肉	約250g
キャベツ	¼個
にんにく	1かけ
塩、粗びき黒こしょう	各少々
サラダ油	適量

Ⓐ バター	20g
塩	小さじ⅓～½

作り方

1 豚肉はフォークで数カ所穴をあけ、塩と粗びき黒こしょうを振る。キャベツはざく切り、にんにくはみじん切りにする。

2 フライパンに油を熱し、にんにくを炒める。香りが立ったら、豚肉を広げながら加えて炒め、余分な油はキッチンペーパーでふき取る。

3 キャベツを加えて炒め合わせ、Ⓐを加えてひと炒めする。

|||||||||||||||||||||||||||||||||||||||||||||

📝 メモ

レシピでは豚肩ロース薄切り肉を使用していますが、こま切れ肉でも大丈夫です。
豚肉を焼く際にはフライパンの中央に広げ、ほどよく焼けたら外側によせます。この作業を何回か繰り返して焼くと、肉同士がくっつかず、焼きムラも少なくやわらかく仕上がります。

手軽な食材をシンプルな塩バター炒めに
食べごたえ満点の簡単おかず

みそ豚

¥ 費用 225円	⏲ 調理 10分	改良 レシピ	❄ 冷凍OK (下味冷凍OK)	🧊 保存 冷蔵4日間（漬けた状態）

🍳 フライパン調理	📱 お弁当に	👧👦 子どもOK

材料（保存容器大1個分）

豚こま切れ肉	約300g
玉ねぎ	½個
サラダ油	適量
青じそ	好みで

Ⓐ		
	みそ	大さじ2
	酒、みりん、砂糖、ごま油	各大さじ1
	しょうゆ	小さじ1
	にんにく（チューブ）	2cm

みそに漬けることで
豚肉がやわらかくなるコクうまおかず
ごはんにぴったり！

作り方

1 豚肉はフォークで数カ所穴をあけ、食べやすい大きさに切る。

2 ポリ袋にⒶを入れ混ぜ合わせる。豚肉を入れ、よくもんでなじませる。作り置きの場合、この状態で保存する。

3 玉ねぎを薄切りにする。

4 フライパンに油を熱し、**3**を入れ、弱めの中火で軽くすき通るくらいまで炒める。

5 玉ねぎをフライパンの端によせ、豚肉を広げながら入れ、全体を炒め合わせる。好みで青じそなどを添える。

📝 メモ

みそがだまにならないよう、調味料はよく混ぜ合わせます。豚肉を入れてもみ込んだら、平たくして漬け込むと、まんべんなく味がいきわたります。

作り置きの場合は、ポリ袋から漬け汁がもれる可能性があるので、バットや保存容器に入れて保存することをオススメします。

漬けたその日に焼く場合でも、20分以上は漬け込んだほうがよいです。

梅しそ
豚しゃぶ

¥ 費用 537円	🕐 調理 15分

❄ 冷凍 OK	🧊 保存 冷蔵5日間

🍲 鍋調理　📱 お弁当に　👫 子どもOK

材料（保存容器大1個分）

豚ロース薄切り肉
　（しゃぶしゃぶ用）
　………………………… 約350g
梅干し（塩分8〜10%・大）‥3粒
青じそ（せん切り）………… 10枚分
Ⓐ　しょうゆ ……………… 小さじ2
　　白だし、いり白ごま
　　………………………… 各大さじ1

冷たいままでもあたため直しても、さっぱりおいしく食べられる常備菜

作り方

1 なべに湯を沸かして沸騰する手前で火を止める。梅干しは種を除いて包丁でたたき、青じそとともにボウルに入れ、Ⓐと混ぜ合わせる。

2 豚肉を1枚1枚広げながらなべに入れる。一度に入れる枚数は6枚を目処にし、色が変わったら順番にざるにあげて水けを切る。

3 2の肉が冷めきらないうちに1のボウルに入れてあえる。湯の温度が下がったら火をつけながら、2→3の工程を繰り返す。

|||||||||||||||||||||||||||||||||||||||||||

📝 メモ

タンパク質が固まるのは60℃前後なので、肉に火を通すときは熱湯ではなく沸騰する手前くらいの温度にするのが、やわらかく仕上げるコツです。肉の赤い部分が完全に消えたのを確認してから引き上げます。
ざるにあげた状態で放っておくと水分が蒸発しすぎてパサつくので、水けがある程度切れたら早めに調味液とあえてください。

野菜のうまみたっぷり
作り置くと味がなじんで、
さらにおいしくなるソース

ミートソース

¥ 費用 526円	⏱ 調理 50分	🍴 改良 レシピ

❄ 冷凍 OK	🧊 保存 冷蔵5日間

🍲 鍋調理	📱 お弁当に	👨‍👩 子どもOK

材料（保存容器大1個分）

豚ひき肉	約350g
玉ねぎ	1個
にんじん（小）	1本
にんにく	1かけ
カットトマト缶	1缶
塩	小さじ½
粗びき黒こしょう	少々
A 中濃ソース	100mL
トマトケチャップ、赤ワイン	各50mL
パセリ	好みで
サラダ油	適量

作り方

1 玉ねぎ、にんじん、にんにくをみじん切りにする。

2 なべに油を熱して**1**を入れ、5分ほど炒める。

3 **2**に豚ひき肉を入れ、塩、粗びき黒こしょうを加える。ひき肉がそぼろ状になるように炒める。

4 **3**にトマトと**A**を入れ、全体を混ぜる。落としブタをして、弱火〜弱めの中火で20〜30分煮込む。好みでパセリを散らす。

📝 メモ

野菜を炒めるときは、甘みやうまみが出るように、しっかりと炒めて水分を飛ばしてください。ホールトマトを使う場合は、へらなどでトマトをつぶしながら加えます。

豚こま
カリカリ焼き

¥ 費用 418円	⏱ 調理 15分	改良レシピ	❄ 冷凍 OK	保存 冷蔵5日間	フライパン調理	お弁当に	子どもOK

材料（保存容器大1個分）

豚こま切れ肉 ………………………… 約350g
しょうが（すりおろし）………… 2～3かけ分
片栗粉 ………………………………… 大さじ1
いり白ごま、サラダ油 ……………… 各適量

Ⓐ　しょうゆ、酒 ………………… 各大さじ1

作り方

1 豚肉はフォークで数カ所か穴を
あけ、食べやすい大きさに切り、
片栗粉をまぶす。

2 フライパンに油を熱し、**1**をでき
るだけ広げて並べ、中火で両面
を焼く。

3 余分な油をふき取り、しょうがと
Ⓐを加えて全体にからまるくらい
まで炒め、いり白ごまを加える。

📋 メモ

カリカリにするにはフライパンに置いた肉を動
かさずにじっくり焼くのがポイントです。あたた
め直して食べるときは、オーブンやトースターな
どで再加熱します。

じっくり脂を落として焼くのがポイント
豚肉の味わいがギュッと凝縮

ねぎ豚塩ロース

¥ 費用 478円	調理 10分	改良 レシピ	❄ 冷凍OK （下味冷凍OK）	保存 冷蔵4日間（漬けた状態）

フライパン調理　　お弁当に　　子どもOK

材料（保存容器大1個分）

豚ロース薄切り肉 ……………………… 約300g	
にんにく ……………………………… 1かけ	
小ねぎ（小口切り）、粗びき黒こしょう	
…………………………………… 好みで	
サラダ油（またはごま油）………… 適量	

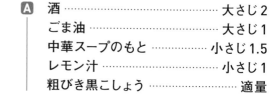

🅰 酒 ………………………………… 大さじ2
ごま油 ……………………………… 大さじ1
中華スープのもと ………… 小さじ1.5
レモン汁 ………………………… 小さじ1
粗びき黒こしょう ………………… 適量

ごはんにのせて丼にできる
パンチのきいたスタミナ料理

作り方

1 豚肉はフォークで数カ所穴をあけ、食べやすい大きさに切る。にんにくはすりおろす。

2 ボウルに🅰とにんにくを入れ、混ぜ合わせる。

3 保存容器に豚肉を並べる。2のたれを広げながら入れて小ねぎをかけ、漬け込む。作り置きの場合、この状態で冷蔵（冷凍）保存する。

4 フライパンに油を熱し、豚肉を保存容器から取り出し、中火で広げながら焼く。器に盛り、好みで小ねぎ、粗びき黒こしょうをかける。

📝 メモ

ポリ袋に入れて漬けてもよいです。まんべんなく漬けられます。ただし焼くときに肉同士がくっつきやすいので注意。
漬けたその日に焼く場合でも、20分以上は漬け込んだほうがよいです。
冷凍保存したものを焼くときには、冷蔵庫に移して半日から1日かけて解凍するのがオススメ。凍ったまま焼いてもよいですが、肉質が少し固めに仕上がります。

豚肉と玉ねぎの甘酢炒め

食べごたえ満点な、酢豚風のこっくりおかず

¥ 費用 483円	🕐 調理 20分	🍴 改良レシピ

❄ 冷凍 OK	🗄 保存 冷蔵5日間

🍳 フライパン調理	🍱 お弁当に	👧👦 子どもOK

材料（保存容器大1個分）

豚ロース厚切り肉	約400g
Ⓐ 酒、しょうゆ	各大さじ1
玉ねぎ	½個
片栗粉	大さじ1.5
Ⓑ 穀物酢	大さじ3
砂糖	大さじ2
しょうゆ	大さじ1.5
サラダ油	適量

作り方

1 豚肉はフォークで数カ所穴をあけ、1〜2cm幅に切る。ポリ袋にⒶ、豚肉を入れ、20分以上漬ける。玉ねぎはくし形切りにする。

2 1の豚肉の表面に薄く片栗粉をまぶす。フライパンに多めの油を熱し、豚肉を揚げ焼きにする。玉ねぎも加えて炒め合わせる。

3 2の余分な油をキッチンペーパーでふき取り、Ⓑを入れて煮からめる。

📝 メモ

冷蔵庫で漬け込む場合、焼く15〜30分前には冷蔵庫から出して常温に戻します。冷たいまま焼くと、中が生焼けなど火の通りにムラが出ます。

しっかりめの甘辛味で
ごはんがすすむ定番常備菜

牛肉の
しぐれ煮

¥ 費用 750円	🕐 調理 20分	🍴 改良 レシピ

❄ 冷凍 OK	🗄 保存 冷蔵5日間

🍳 フライパン調理	📱 お弁当に	👧👦 子どもOK

材料（保存容器大1個分）

牛こま切れ肉	約300g
しょうが	2かけ
玉ねぎ	½個
Ⓐ 砂糖、みりん	各大さじ2
しょうゆ	大さじ2〜2.5
白だし	大さじ½
酒	100mL
水	50mL

作り方

1 しょうがはせん切りに、玉ねぎは薄切りにする。

2 大きめの耐熱ボウルかなべに湯を張り、牛肉をさっとくぐらせる。ざるにあげて水けを切る。

3 フライパンに**1**、Ⓐを入れて強めの中火にかける。煮立ったら牛肉を入れ、中火で5分ほど煮汁がほどよく飛ぶまで煮詰める。

📝 メモ

しょうゆの分量はお好みで調整してください。基本は大さじ2で、濃いめが好みの方やごはんにのせる場合は大さじ2.5くらいが目安です。牛肉を湯通しするひと手間で、アクや臭みが取れておいしく仕上がります。私は電気ケトルで沸かした湯を耐熱ボウルに入れて使っていますが、なべで行ってもよいです。

牛ごぼう

¥ 費用 758円	🕐 調理 20分	改良レシピ	❄ 冷凍 OK	🗄 保存 冷蔵5日間	フライパン調理	お弁当に	子どもOK

材料（保存容器大1個分）

牛こま切れ肉	約250g	A 水	100mL
ごぼう（細）	1〜2本	酒、みりん	各大さじ3
いり白ごま	大さじ1	しょうゆ	大さじ1.5
		白だし	大さじ½

作り方

1 ごぼうはささがきにして水にさらす。

2 大きめの耐熱ボウルに湯を張り、牛肉をさっとくぐらせ、ざるにあげて水けを切る。

3 フライパンに水けを切ったごぼう、Aを入れ、強めの中火で煮立たせる。煮立ったらフタをし、弱火で8分ほど、ごぼうがやわらかくなるまで煮る。

4 フタを取り牛肉を入れ、弱めの中火で煮る。5分たったら火を止め、いり白ごまを振る。

||||||||||||||||||||||||||||||||||||||||

📝 メモ

火が通りにくいごぼうを先にやわらかく煮て、牛肉に火を通しすぎないようにします。

味がしみたごぼうと牛肉のうまみがたまらない

3 | 魚のおかず

FISH

鮭、さば、ぶりなどの魚を使った、シンプルで作りやすい定番おかず。
子どもも大人も食べやすい味付けで、お弁当のメインにも向いています。

鮭の玉ねぎ煮込み

¥ 費用 350円	🕐 調理 15分	改良レシピ	❄ 冷凍 OK	保存 冷蔵4日間	フライパン調理	お弁当に	子どもOK

材料（保存容器大1個分）

生鮭 ……………………… 3切れ
玉ねぎ ……………………… ½個
きざみパセリ ……………… 好みで
オリーブオイル …… 大さじ2

Ⓐ 酒 …………………… 大さじ1
　 塩、粗びき黒こしょう
　 ……………………… 各少々

Ⓑ ポン酢しょうゆ
　 …………………… 大さじ1.5
　 みりん ………… 大さじ1
　 しょうゆ ……… 小さじ1

ポン酢しょうゆでさっぱり仕上げ
あたためるのはもちろん、
冷たいままでもおいしい

作り方

1 鮭は皮をそいで骨を抜き、食べやすい大きさに切って、Ⓐをふる。玉ねぎはみじん切りにする。

2 フライパンにオリーブオイルを熱し、玉ねぎを入れて色が変わるまで炒める。

3 鮭を加え、表面に薄く焼き色がつくまで片面ずつ返して焼く。

4 Ⓑを加えてフタをし、弱めの中火で3〜4分煮込む。全体を軽くかき混ぜて、好みできざみパセリを散らす。

📝 メモ

骨抜きには、普通のピンセットより専用の骨抜きを使ったほうがよいです。身を崩さずきれいに抜けます。煮込んだときに臭みが出ないよう、皮は取ります。包丁でそぐようにして切ります。

鮭の
みりん漬け

みりんのほんのりとした甘さと
照り具合が、食欲をそそる

¥ 費用 **298**円	⏱ 調理 **15**分

❄ 冷凍OK （下味冷凍OK）	🧊 保存 冷蔵4日間（漬けた状態）

🍳 オーブン調理　　📦 お弁当に　　👧👦 子どもOK

材料（保存容器中1個分）

生鮭 ……………………………	2切れ
Ⓐ みりん …………………	大さじ2
しょうゆ …………………	小さじ2

作り方

1 鮭は骨を抜き、適当な大きさに切る。

2 ポリ袋にⒶと鮭を入れ、Ⓐが均等に混ざるように適度にもみ込む。できれば一晩漬ける。

3 オーブンは190℃に予熱する。天板にクッキングシートをしき、鮭を皮目を上にして並べ、オーブンで10〜15分焼く。

📝 メモ

トースターや魚焼きグリルなどを使う場合、器具によって火力や調理時間は異なります。焼き加減を見ながらお試しください。

漬けた状態で保存する場合は4日間冷蔵可能です。漬けた状態と焼いたあと、あわせて5日以内に食べきるようにしてください。

白みそに漬けた鮭はほんのり甘くて身はふっくらやわらか

鮭の西京焼き

| ￥ 費用 411円 | 🕐 調理 20分 |

❄ 冷凍OK（下味冷凍OK）　🗄 保存 冷蔵4日間（漬けた状態）

🍱 オーブン調理　📅 お弁当に　👧👦 子どもOK

材料（保存容器大1個分）

生鮭 ………………………………… 3切れ
Ⓐ 白みそ ……………………… 大さじ4
　 酒 ……………………………… 大さじ2
　 みりん ……………………… 大さじ1
　 砂糖、しょうゆ … 各小さじ1

作り方

1 鮭は骨を抜き、食べやすい大きさに切る。ポリ袋にⒶを入れてよく混ぜ合わせ、鮭を入れてやさしくもみ込む。できれば一晩漬ける。

2 オーブンは190℃に予熱する。天板にクッキングシートをしき、鮭のみそをぬぐって皮目を上にして並べ、10〜15分焼く。

📝 メモ

ポリ袋からみそがもれることがあるので、バットや保存容器に入れて冷蔵保存することをオススメします。冷蔵保存4日としていますが、漬けて2〜3日めの漬かり具合がちょうどよく、一番おいしい食べごろです。

鮭とポテトの
グラタン

| ￥ 費用 314円 | 🕐 調理 30分 | 🗄 保存 冷蔵4日間 | 🖥 オーブン調理 | 🖥 お弁当に | 👶 子どもOK |

材料（保存容器大1個分）

生鮭 ································· 3切れ	Ⓐ マヨネーズ、牛乳 ········· 各大さじ3
塩、粗びき黒こしょう ········· 各少々	粉チーズ ····················· 大さじ1
じゃがいも ····························· 1個	
玉ねぎ ····························· ¼個	
ピザ用チーズ、サラダ油 ········· 各適量	

作り方

1 鮭は皮をそいで骨を抜き、食べ
やすい大きさに切り、塩、粗び
き黒こしょうを振る。じゃがいも
は5mm程度の薄切りに、玉ね
ぎは薄切りにする。

2 オーブンは200℃に予熱する。
Ⓐは混ぜ合わせる。

3 耐熱容器の内側に薄く油を塗り、
鮭、玉ねぎ、Ⓐ、じゃがいも、チー
ズの順に重ねて入れる。

4 オーブンで20～25分焼く。

📝 メモ

鮭、玉ねぎ、ソースを入れ、その上にフタをす
るイメージでじゃがいもをまんべんなく並べ、
チーズをのせます。
焼き上がりのタイミングは、じゃがいもに竹串
をさして、すっと通れば完成です。まだ固そう
なら、追加で何分か加熱します。

鮭とポテトにクリームソースがとろっとからんだ、お手軽なグラタン

さばの南蛮漬け

¥ 費用 467円	調理 20分	改良レシピ	保存 冷蔵4日間

フライパン調理　電子レンジ調理　お弁当に　子どもOK

材料（保存容器大1個分）

さば（三枚おろし）	1尾分
玉ねぎ	¼個
にんじん	⅓本
パプリカ（赤・黄）	各¼個
小ねぎ（小口切り）	好みで
片栗粉	大さじ2〜3
サラダ油	適量

A
穀物酢	大さじ1
しょうゆ	小さじ1

B
穀物酢	大さじ3
砂糖、しょうゆ、白だし	各大さじ1
水	100mL

一品で魚と野菜をバランスよく食べられる

作り方

1 さばはキッチンペーパーで軽くおさえて水けをふき取る。骨を抜き、背びれや尾びれを切り落として、食べやすい大きさに切る。バットに並べ、上から **A** をかける。

2 玉ねぎは薄切りに、にんじん、パプリカはそれぞれ細切りにする。

3 耐熱容器に玉ねぎ、にんじんを入れ、ふわりとラップをして500Wの電子レンジで4分加熱する。ラップを取り、パプリカ、**B** を入れ、ラップをしてさらに3分加熱する。全体を軽くかき混ぜる。

4 **1**の水けを切り、片栗粉を薄くまぶす。フライパンに多めの油を熱して中火〜強めの中火で揚げ焼きにし、キッチンペーパーをしいた金網にあげて油を切る。熱いうちに **3** に漬けて、好みで小ねぎを散らす。

📝メモ

さばに下味をつけるときは、身を下にしてバットに並べます。身が崩れやすいので、やさしく扱ってください。揚げるときには皮目から揚げ焼きにし、薄いきつね色になったらやさしく裏返します。両面とも薄いきつね色になったら取り出します。

さばの ピリ辛 かば焼き

かば焼き風の甘辛だれに
にんにくと豆板醤をプラス
こってり味がくせになる

¥ 費用 147円	🕐 調理 20分	🔁 改良 レシピ

❄ 冷凍 OK	🗄 保存 冷蔵4日間

🍳 フライパン調理	🍱 お弁当に

材料（保存容器大1個分）

さば（三枚おろし）············· 1尾分
にんにく ····················· 1〜2かけ
片栗粉 ······················· 適量
A 砂糖、酒、みりん ··· 各大さじ1
　　しょうゆ ················ 小さじ2
　　豆板醤 ················· 小さじ½
小ねぎ（小口切り）··········· 好みで
サラダ油 ····················· 適量

作り方

1 さばは骨を抜き、2〜3cm幅に切って湯通しする。に んにくはみじん切りにする。

2 さばの表面に片栗粉を薄くまぶす。フライパンに少し 多めの油を熱し、さばを皮目を下にして入れて両面を 焼く。

3 フライパンの空いているところで香りが立つまでにん にくを炒める。

4 合わせた **A** を入れて余分な汁けが飛ぶまで両面に煮 からめ、好みで小ねぎを散らす。

📝 メモ

湯通しすることで、臭みが取れ、身もしまります。 皮目を下にしてざるに並べ、身崩れに気をつけ て、なるべく低い位置からゆっくり湯をかけて います。

和食の定番おかず
三枚おろしを買えば下ごしらえも簡単

さばの みそ煮

¥ 費用 269円	⏱ 調理 30分

❄ 冷凍 OK	🗄 保存 冷蔵4日間

🍲 鍋調理　　📱 お弁当に　　👧👦 子どもOK

材料（保存容器大1個分）

さば（三枚おろし）………… 1尾分
しょうが ……………………… 2かけ
Ⓐ　酒…………………………… 150mL
　　水…………………………… 100mL
　　みりん、みそ …… 各大さじ3
　　砂糖 …………………… 大さじ2
Ⓑ　みそ …………………… 大さじ1

作り方

1 さばは骨を取り除き、背びれや尾びれを切り落とす。食べやすい大きさに切り、皮目に1本切り込みを入れ、湯通しする。しょうがはせん切りにする。

2 底が広いフライパンにしょうが、Ⓐを入れ、中火でひと煮立ちさせる。さばを皮目を上にして並べ入れ、落としブタをし、弱めの中火で10分ほど煮る。

3 落としブタを取り、Ⓑのみそを溶き入れる。煮汁がとろりとなるまで、5分ほど煮詰める。

||||||||||||||||||||||||||||||||||||||||||

📋 メモ

さばは湯通しすることで、くさみが取れ、身もしまります。皮目を下にしてざるに並べ、身崩れに気をつけ、低い位置からゆっくり湯をかけます。

さばの ごま衣揚げ

| ￥ 費用 297円 | 🕐 調理 15分 | ❄ 冷凍 OK | 🗄 保存 冷蔵4日間 | 🍳 フライパン調理 | 🍱 お弁当に | 👨‍👦 子どもOK |

材料（保存容器大1個分）

さば（三枚おろし） ……………… 1尾分
サラダ油 ……………………………… 適量

A しょうゆ、酒 ………………… 各小さじ1
B 片栗粉 ……………………… 大さじ2〜3
　 いり白ごま、いり黒ごま …… 各大さじ1

作り方

1 さばはキッチンペーパーで軽くおさえて水けをふき取る。骨を抜き、背びれや尾びれを切り落として、2〜3cm幅に切る。

2 バットなどの平らな容器に**1**を並べ、上から**A**をかけて、なじませる。

3 **2**とは別の平らな容器に**B**を入れて混ぜ合わせ、**2**にまんべんなくまぶす。

4 フライパンに多めの油を熱し、中火〜強めの中火で**3**を揚げ焼きにする。

📝メモ

2で味をつけるときは、さばの食品トレイを使うと洗い物が減ります。トレイの余分な水分をふき取ってからお使いください。

ごまの香ばしさと食感が楽しいおつまみにもぴったりの一品

ぶりの照り焼き

¥ 費用 411円	🕐 調理 10分	保存 冷蔵4日間	フライパン調理	お弁当に	子どもOK

材料（保存容器大1個分）

ぶり ………………………………… 2切れ
小麦粉、サラダ油 ………………… 各適量

A みりん ………………………… 大さじ2
　　砂糖、しょうゆ、酒 ……… 各大さじ1

定番の調味料を使い
短時間でパパッと作れる

作り方

1 ぶりは骨を抜き、適当な大きさに切って小麦粉を全体に薄くまぶす。

2 フライパンに油を熱し、**1**の両面を中火で焼く。

3 **A**を混ぜ合わせて**2**に加え、ぶりにからめながらとろみをつける。

📝 メモ

ぶりは小麦粉を薄くまぶすことで、たれがからみやすくなります。身が厚ければ、フタをして2分ほど蒸し焼きにしてください。
このレシピでは先にぶりを焼いていますが、下ごしらえをしたぶりと調味液をポリ袋に入れて漬けておき、食べる日に調理してもよいです。焼くときはぶりの両面を焼き、袋に残った調味液をかけて煮詰めます。小麦粉はめんどうであればつけなくても大丈夫です。

カニクリーム スコップ コロッケ

¥ 費用 **455円**	⏱ 調理 **30分**

🗄 保存 冷蔵5日間	🍳 フライパン調理

オーブン調理　お弁当に　子どもOK

成形いらず、揚げないので失敗なし　なのに味はカニクリームコロッケそのもの

材料（保存容器大1個分）

カニ缶	1缶
玉ねぎ	½個
バター	30g
小麦粉	大さじ5
牛乳	250mL
塩、粗びき黒こしょう	各少々
Ⓐ パン粉	適量（約¾カップ）
サラダ油	適量
サラダ油	適量

作り方

1 玉ねぎはみじん切りにする。オーブンを200℃に予熱する。

2 フライパンにバターを熱し、玉ねぎを加えて中火で炒める。玉ねぎがすき通ったら小麦粉を5回程度に分けて加え、弱火でしっかりと炒め合わせる。

3 2に牛乳を3〜4回に分けて加え、混ぜ合わせながら弱火〜中火で煮詰める。カニ缶を缶汁ごと加えて混ぜ合わせ、塩と粗びき黒こしょうで調味する。

4 耐熱容器の内側に薄く油を塗り、3を流し入れる。

5 Ⓐを混ぜ合わせて4の上に広げ、オーブンで20分ほど焼く。

📝 メモ

粉っぽさが残らないようにしっかりと小麦粉をフライパンで炒め、玉ねぎになじませるようにします。白っぽい部分がなくなるまでじっくり炒めることがポイントです。

つくおき定番の
味付け配合

私のレシピでよく出る味付けの基本配合をピックアップしました。作るおかずを決めるときは、味付けが被らないようにしています。ピリ辛を足す、香りを足すなどの要素を取り入れて、「知っているレシピ」±α＝「これから覚えるレシピ」と考えるとレパートリーが広がります。

和

基本の煮物（和風）

酒		みりん		しょうゆ		砂糖
1	:	**1**	:	**1**	:	**1**

＋白だし　　　　　うまみと塩けを加えて、しょうゆと砂糖の量を減らします。
＋しょうが、白だし　しょうがと白だしの風味を加えて、しょうゆの量を減らします。

こっくり

基本の照り焼き

みりん		しょうゆ		砂糖
2	:	**1**	:	**0.5**

＋みそ、豆板醤
ピリ辛のコクを加えて、しょうゆの量を減らします。

さっぱり

基本の甘酢

酢		しょうゆ		砂糖
1	:	**1**	:	**1**

＋サラダ油
酢を多めにして、しょうゆを減らします。

基本のマヨあえ

マヨネーズ		酢		砂糖
1	:	**1**	:	**¼**

＋しょうゆ、ごま
しょうゆとすりごまで和テイストを加えます。

基本のトマトソース

トマト缶		白ワイン		塩
1	:	**¼**	:	小さじ**1**

＋中濃ソース、砂糖
ひき肉、野菜を入れて中濃ソースと砂糖を追加。塩は控えめに。

洋

その他の定番味

おひたし　白だし**1.5**：しょうゆ**1**

ナムル　ごま油**3**：しょうゆ**1**：中華スープのもと（練りタイプ）**½**：にんにく（チューブ）**½**

ごまあえ　しょうゆ**1**：砂糖**1**：すり白ごま**4**

TSUKUOKI's

POPULAR SELECTION

2

PART

野菜の
サブおかず 編

手間なく作れて長持ちする野菜のおかずは、
あと一品、というときの強い味方。
献立やお弁当に彩りを加えるのにも便利です。
作ってから時間がたつほどに、味がなじんでおいしくなる
作り置き向きのレシピもたくさん入った56品。
どのレシピも、簡単に作れるものばかりなので
キッチンに立つついでや、すきま時間を活用して
気軽に作っておけること間違いなし。

フライパン のおかず

フライパンひとつでさっと作れるサブおかず。調理時間5〜15分のものが多いので、品数を作っておきたいときに便利です。冷めてもおいしくいただけます。

ピーマンとちくわのきんぴら

甘じょっぱくて箸がすすむ素朴なおかず。

| ¥ 費用 100円 | 調理 10分 | 改良 レシピ | 冷凍 OK | 保存 冷蔵5日間 | フライパン調理 | お弁当に | 子どもOK |

材料（保存容器中1個分）

ピーマン ………… 4〜5個
ちくわ ………… 2〜3本
ごま油 ………… 大さじ1
しょうゆ ………… 小さじ2

いり白ごま ………… 適量
A みりん ……… 大さじ1.5
  酒 ……… 大さじ1

作り方

1 ピーマンは細切りに、ちくわは薄く斜め切りにする。

2 フライパンにごま油を熱し、1を入れる。油が全体に回ったらAを加えて炒め合わせる。汁けが飛んだらしょうゆを入れて炒め合わせ、いり白ごまを振る。

なすの揚げびたし

口の中で和風だしがじゅわっと広がる。

| ¥ 費用 250円 | 調理 10分 | 改良 レシピ | 保存 冷蔵4日間 | フライパン調理 | お弁当に | 子どもOK |

材料（保存容器中1個分）

なす（中） ………… 2個
かつお節（小分けタイプ）
………… 1パック
小ねぎ ………… 好みで
サラダ油 ………… 適量

A 白だし ……… 大さじ½
  しょうゆ ……… 小さじ2
  みりん ……… 小さじ1
  しょうが（チューブ）
  ………… 3cm

作り方

1 なすは横2〜3等分切り、さらに縦半分に切ってから皮に斜めに切り目を入れる。フライパンに入れ、多めの油を入れてからませる。

2 1を揚げ焼きにする。バットにAを合わせる。

3 なすの余分な油を切り、バットに入れてひたす。粗熱が取れたら、調味液ごと保存容器に移す。好みでかつお節と小口切りの小ねぎをのせる。

にんじんしりしり

にんじんの自然な甘みがおいしい。

費用 80円	調理 10分	改良レシピ	冷凍 OK	保存 冷蔵5日間	フライパン調理	お弁当に	子どもOK

材料（保存容器中1個分）

にんじん ………………………………………… 1本
卵 ………………………………………………… 1個
ごま油 ……………………………………… 大さじ1.5
いり白ごま ……………………………………… 適量
A　白だし …………………………………… 小さじ2
　　しょうゆ ………………………………… 小さじ1

作り方

1　にんじんはなるべく細いせん切りにする。

2　フライパンにごま油を熱し、にんじんを炒める。にんじんがくたっとしたら、A を入れて全体に味が回るように炒める。

3　溶いた卵を加えてさっと炒め合わせ、いり白ごまを振る。

長ねぎの照り焼き

シャクッとした歯ごたえもおいしい。

費用 99円	調理 10分	改良レシピ	保存 冷蔵7日間	フライパン調理	お弁当に

材料（保存容器小1個分）

長ねぎ ……………………………………………… 1本
A　みりん …………………………………… 大さじ1
　　しょうゆ ………………………………… 小さじ1
サラダ油 ………………………………………… 適量

作り方

1　長ねぎは3cm長さに切る。フライパンに油を熱し、ねぎを入れ、動かさないように焼く。

2　焼き色がついたら裏返し、フタをして弱火で3分蒸し焼きにする。

3　フライパンの余分な油をキッチンペーパーでふき取り、A を入れてからめる。

なす南蛮

なすと油の相性がバツグン！　覚えやすい味付け。

¥ 費用 215円	⏱ 調理 10分	🗄 保存 冷蔵4日間	🍳 フライパン調理	🍱 お弁当に	👧 子どもOK

材料（保存容器中1個分）

なす（中）	2個
Ⓐ　しょうゆ、砂糖、調味酢	各大さじ1
小ねぎ（小口切り）	好みで
サラダ油	適量

作り方

1 なすは乱切りにしてフライパンに入れ、多めの油をからませる。

2 1を揚げ焼きにする。ボウルにⒶを合わせる。

3 なすの余分な油を切り、熱いうちに2のボウルに入れ、あえる。

4 粗熱が取れたら調味液ごと保存容器に移し、好みで小ねぎを散らす。

基本のきんぴらごぼう

照り照りした見ためもおいしい定番常備菜。

¥ 費用 221円	⏱ 調理 15分	🍴 改良レシピ	❄ 冷凍OK	🗄 保存 冷蔵7日間	🍳 フライパン調理	🍱 お弁当に	👧 子どもOK

材料（保存容器中1個分）

ごぼう（細）…… 2本	ごま油 ……… 大さじ1
にんじん（小）‥1本	いり白ごま ……… 適量
しょうゆ、みりん	Ⓐ　みりん … 大さじ2
……… 各大さじ1	酒 ……… 大さじ1

作り方

1 ごぼうとにんじんは細切りにする。ごぼうは水にさらし、アクを取る。

2 フライパンにごま油を熱し、ごぼう、にんじんを炒める。

3 Ⓐを加えて炒める。汁けが飛んだらしょうゆを加え、水分を飛ばしながら全体に味が回るように炒める。

4 弱火にしてみりんを入れて照りを出し、いり白ごまを加え、汁けを飛ばしながら混ぜ合わせる。

炒りこんにゃく

こんにゃくの歯ごたえがたまらない。

¥ 費用 98円	🕐 調理 10分	🗄 保存 冷蔵7日間

🍳 フライパン調理　　📱 お弁当に　　👥 子どもOK

材料（保存容器小1個分）

板こんにゃく	1枚
ごま油	大さじ1
Ⓐ しょうゆ	大さじ1.5
みりん	大さじ1
赤唐辛子（輪切り）	好みで

作り方

1 こんにゃくは、手やスプーンなどで食べやすい大きさにちぎり、湯を沸かしたなべで3分ほどゆで、ざるにあげて水けを切る。

2 フライパンに1を入れ、弱めの中火で乾煎りする。ごま油を回し入れ、全体に油が回ったらⒶを入れ、煮汁が少なくなるまで炒める。

チーズちくわの磯辺揚げ

海の香りとチーズのコクがよく合う。

¥ 費用 190円	🕐 調理 10分	🍽 改良レシピ	🗄 保存 冷蔵5日間

🍳 フライパン調理　　📱 お弁当に　　👥 子どもOK

材料（保存容器中1個分）

ちくわ	1袋（4～5本）
プロセスチーズ	60g
Ⓐ 片栗粉、水	各大さじ1
あおのり	小さじ1
サラダ油	適量

作り方

1 ちくわの穴にチーズを入れ、斜め2等分に切る。

2 ボウルにⒶを混ぜ合わせ、1をくぐらせて衣をつける。

3 フライパンに多めの油を熱し、2の両面を揚げ焼きにする。

ズッキーニのトマト炒め

素材のうまみをしっかり感じる。

¥ 費用 187円	🕐 調理 10分	❄ 冷凍 OK	🗄 保存 冷蔵4日間	🍳 フライパン調理	🍱 お弁当に	👩‍👧 子どもOK

材料（保存容器中1個分）

ズッキーニ	1本
トマト（中）	1個
A しょうゆ	小さじ1
｜ 塩	少々（ひとつまみぐらい）
オリーブオイル	大さじ1.5

作り方

1 ズッキーニとトマトは1.5cm角の角切りにする。

2 フライパンにオリーブオイルを熱し、ズッキーニを入れて弱めの中火で軽く焼き色がつくまで炒める。

3 トマトを加えて水分が飛ぶまで炒めたら、Aを加えて炒め合わせる。

きゅうりのしょうゆ漬け

寝かせるほどに味がしみる、ごはんのおとも。

¥ 費用 207円	🕐 調理 15分	🗄 保存 冷蔵10日間	🍳 フライパン調理	🍱 お弁当に	👩‍👧 子どもOK

材料（保存容器中1個分）

きゅうり	3本
塩	小さじ1
しょうが	1かけ
A しょうゆ	大さじ2
｜ 穀物酢、砂糖、みりん	各大さじ1

作り方

1 きゅうりはまな板の上に並べ、塩を振って転がす。1本ずつキッチンペーパーで包み、10分〜一晩おく。水けが出たら、1cm幅の輪切りにする。しょうがはせん切りにする。

2 フライパンにきゅうり、しょうが、Aを入れ、中火できゅうりの表面が色づくくらいまで炒める。

3 フタをし、弱火で10分ほど煮る。

ピーマンの焼きびたし

焼きピーマンに白だしがしみて、冷めてもおいしい。

¥ 費用 167円	⏱ 調理 10分	保存 冷蔵5日間	フライパン調理	お弁当に	子どもOK

材料（保存容器中1個分）

ピーマン（大）	………………………	6個
A 白だし	…………………………	大さじ1
しょうゆ	……………………………	小さじ1
しょうが（チューブ）	…………………	4cm
かつお節（小分けタイプ）	…………	1パック
サラダ油	……………………………………	適量

作り方

1　ピーマンは縦半分に切って種を取り、1cm幅程度の細切りにする。

2　フライパンに多めの油を熱し、**1**の皮を下にして強めの中火で焼く。焦げ目がついたら裏返してもう片面も焼く。

3　ボウルに**A**を混ぜ合わせる。**2**の油を軽く切り、熱いうちにボウルに加えてからめる。

角切りジャーマンポテト

ほくほく食感、お弁当にも入れやすい。

¥ 費用 359円	⏱ 調理 15分	保存 冷蔵5日間	フライパン調理	電子レンジ調理	お弁当に	子どもOK

材料（保存容器中1個分）

じゃがいも	…… 2個	バター	………………… 10g
玉ねぎ	………… ½個	**A** 塩、粗びき黒こしょう	
ハーフベーコン	… 4枚		………… 各少々

作り方

1　じゃがいもは1.5cm角の角切りにし、水にさらす。玉ねぎは薄切りにする。ベーコンは1cm幅に切る。

2　じゃがいもの水けを切って耐熱容器に入れ、ふわりとラップをし、500Wの電子レンジで4分加熱する。

3　フライパンにバターを入れて、弱めの中火で熱し、ベーコン、玉ねぎを入れて、玉ねぎがすき通るまでじっくり炒める。

4　水けを切ったじゃがいもを加えて、崩れに気をつけながら炒め合わせ、**A**で調味する。

きのこのねぎ塩炒め

きのこの風味を生かしたやみつき系の味付け。

費用 **215**円 ・ 調理 **10**分 ・ 冷凍 **OK** ・ 保存 冷蔵**5日間** ・ フライパン調理 ・ お弁当に ・ 子どもOK

材料（保存容器中1個分）

エリンギ ····· 1パック
しめじ ······ ½パック
小ねぎ ·········· ¼束

Ⓐ 中華スープのもと
·········· 小さじ1
しょうゆ ·· 小さじ½
ごま油 ······· 適量

作り方

1 エリンギは横半分に切り、薄切りにする。しめじは石づきを切り落とし、手でほぐす。小ねぎは小口切りにする。

2 フライパンにごま油を熱し、エリンギ、しめじを入れ、弱めの中火で全体に油が回るよう炒める。

3 フタをして1〜2分蒸し焼きにする。

4 かさが減ってきたら小ねぎ、Ⓐを入れ、全体に味がいきわたるよう炒め合わせる。

きんぴられんこん

サクッとした食感がおいしい。

費用 **197**円 ・ 調理 **15**分 ・ 冷凍 **OK** ・ 保存 冷蔵**7日間** ・ フライパン調理 ・ お弁当に ・ 子どもOK

材料（保存容器中1個分）

れんこん ········· 1節
にんじん（小）·· 1本
しょうゆ、みりん
········· 各大さじ1

ごま油 ········· 大さじ1
いり白ごま ········· 適量
赤唐辛子（輪切り）··· 好みで
Ⓐ みりん ···· 大さじ2
　 酒 ········· 大さじ1

作り方

1 れんこんは2〜3mm厚さの半月切りにし、水にさらす。にんじんは細切りにする。

2 フライパンにごま油を熱し、水けを切ったれんこん、にんじんを入れ、全体に油が回るよう炒め合わせる。

3 Ⓐを加えて炒める。ほどよく汁けが飛んだらしょうゆを加え、全体に味がいきわたるよう炒め合わせる。

4 火を弱め、みりんを入れて全体に照りを出し、いり白ごま、唐辛子を加え、汁けを飛ばす。

なすとパプリカの甘酢炒め

彩りがよく食べやすい野菜のおかず。

¥ 費用 138円	🕐 調理 10分	改良レシピ	❄ 冷凍 OK	保存 冷蔵4日間	フライパン調理	お弁当に	子どもOK

材料（保存容器中1個分）

なす	1個
パプリカ（赤・黄）	各½個
Ａ 調味酢	大さじ1.5
しょうゆ	大さじ½
サラダ油	適量

作り方

1 パプリカは1.5cm角の角切りにする。

2 フライパンに油を熱し、中火でパプリカを炒める。

3 なすは1.5cm角の角切りにし、すぐに2のフライパンに油（大さじ1）と一緒に入れ、油をからませながら炒める。

4 Ａを加え、水分がほどよく飛ぶまで炒め合わせる。

ピーマンと卵の炒めもの

だしがしっかりきいていて、ぱくぱく食べられる。

¥ 費用 127円	🕐 調理 5分	改良レシピ	❄ 冷凍 OK	保存 冷蔵5日間	フライパン調理	お弁当に	子どもOK

材料（保存容器中1個分）

ピーマン	4〜5個
卵	1個
Ａ 白だし	大さじ½
しょうゆ	小さじ½
サラダ油	適量

作り方

1 ピーマンは細切りにする。卵は溶きほぐす。

2 フライパンに油を熱し、ピーマンを炒める。軽く火が通ったらＡを加えて炒め合わせる。

3 ピーマンをフライパンの端によせ、空いたスペースで溶き卵を炒める。そぼろ状になったら全体を炒め合わせる。

ウインナーと玉ねぎの和風炒め

かつお節のうまみがきいた和風炒め。

費用 **199** 円　調理 **10** 分　冷凍 **OK**　保存 **冷蔵5日間**　フライパン調理　お弁当に　子どもOK

材料（保存容器中1個分）

ウインナーソーセージ
………… 80g（6本）
玉ねぎ ………… ½ 個
かつお節
（小分けタイプ）
………… ½ パック

小ねぎ（小口切り）
………… 好みで
サラダ油 ………… 適量
Ⓐ 白だし … 小さじ1
　　しょうゆ …… 少々
　　しょうが（チューブ）
………… 1cm

作り方

1　ウインナーは食べやすい大きさに切る。玉ねぎは薄切りにする。

2　フライパンに油を熱し、玉ねぎをすき通るくらいまで炒め、ウインナーを加える。

3　Ⓐとかつお節を加えて炒め合わせる。好みで小ねぎの小口切りを散らす。

ねじりこんにゃくのガーリックおかか炒め

ごま油とにんにくのしっかり味。

費用 **184** 円　調理 **10** 分　改良 **レシピ**　保存 **冷蔵7日間**　フライパン調理　お弁当に　子どもOK

材料（保存容器中1個分）

板こんにゃく ………… 1枚
にんにく ………… 1かけ
かつお節（小分けタイプ）
………… 1パック

みりん ………… 大さじ1.5
酒、しょうゆ、ごま油
………… 各大さじ1

作り方

1　板こんにゃくは横1cm幅に切り、切った断面の真ん中に切り込みを入れ、片方の端を切れ目の中に通し一回転させて手綱こんにゃくにする。にんにくはみじん切りにする。

2　なべに湯を沸かし、こんにゃくを入れて3分ほどゆで、ざるにあげて水けを切る。

3　フライパンにごま油を熱し、にんにくを入れて弱めの中火で炒める。香りが立ったら中火にし、**2**を加えて炒め合わせる。

4　酒→みりん→しょうゆの順にフライパンに加えて、水分を飛ばすように炒め、汁けが少なくなったところで、かつお節を加えて炒め合わせる。

ごぼうのから揚げ

甘じょっぱい味付けはお弁当にもぴったり。

| ¥ 費用 186円 | ⏱ 調理 20分 | 🗄 保存 冷蔵5日間 | 🍳 フライパン調理 | 🍱 お弁当に | 👶 子どもOK |

材料（保存容器中1個分）

ごぼう（細）‥‥‥‥‥‥‥‥‥‥‥‥‥‥‥‥ 2本
Ⓐ しょうゆ ‥‥‥‥‥‥‥‥‥‥‥‥‥‥ 大さじ1
  砂糖、みりん ‥‥‥‥‥‥‥‥‥‥ 各大さじ½
片栗粉、サラダ油 ‥‥‥‥‥‥‥‥‥‥‥ 各適量

作り方

1 ごぼうは適当な長さに切って縦半分に切り、水にさらす。

2 ポリ袋に水けを切った**1**と**Ⓐ**を入れ、20分ほどおく。

3 フライパンに多めの油を熱し、片栗粉をまぶした**2**を入れて揚げ焼きにする。

しめじのしぐれ煮

しょうがをきかせた甘辛味。

| ¥ 費用 111円 | ⏱ 調理 15分 | ❄ 冷凍 OK | 🗄 保存 冷蔵5日間 | 🍳 フライパン調理 | 🍱 お弁当に | 👶 子どもOK |

材料（保存容器中1個分）

しめじ ‥‥‥‥‥‥‥‥‥‥‥‥‥‥ 1パック
しょうが ‥‥‥‥‥‥‥‥‥‥‥‥‥‥ 1かけ
Ⓐ 酒、砂糖 ‥‥‥‥‥‥‥‥‥‥ 各大さじ1
  しょうゆ ‥‥‥‥‥‥‥‥‥‥‥ 大さじ½
  水 ‥‥‥‥‥‥‥‥‥‥‥‥‥‥‥ 30mL

作り方

1 しめじは石づきを切り落としてほぐす。しょうがはせん切りにする。

2 フライパンに**1**と**Ⓐ**を入れてフタをし、弱火で10分程度、煮汁がほぼなくなるまで煮る。

鍋 のおかず

シンプルな食材で作る、箸休めにピッタリな常備菜です。
ゆでている間、煮ている間はほかの作業もできてしまうので一気に効率もアップします。

小松菜のナムル

シャキシャキ食感のやみつき味。

¥ 費用 **130** 円 | ⏱ 調理 **10** 分 | 🗄 保存 冷蔵4日間 | 🍲 鍋調理 | 🍱 お弁当に | 👧👧 子どもOK

材料（保存容器中1個分）

小松菜 ……………………………………………………… 1束（8株ぐらい）
 ごま油、いり白ごま ……………………………………… 各大さじ1
　しょうゆ ……………………………………………………… 小さじ1
　中華スープのもと ………………………………………… 小さじ½
　にんにく（チューブ） ……………………………………… 2cm

作り方

1 なべに湯を沸かして塩少々（分量外）を入れ、小松菜を根元から入れてゆで、ざるにあげる。粗熱が取れたら根元を切り落とし、4〜5cm幅に切って水けを絞る。

2 ボウルにを混ぜ合わせ、**1**を加えてあえる。

ほうれん草のおかかあえ

かつお節とだしのうまみがなじむ。

¥ 費用 **108** 円 | ⏱ 調理 **5** 分 | 🔧 改良 レシピ | 🗄 保存 冷蔵4日間 | 🍲 鍋調理 | 🍱 お弁当に | 👧👧 子どもOK

材料（保存容器中1個分）

ほうれん草 ………………………………………………… 1袋
 しょうゆ …………………………………………………… 大さじ½
　白だし ……………………………………………………… 小さじ1
　かつお節（小分けタイプ） ……………………………… 1パック

作り方

1 なべに湯を沸かして塩適量（分量外）を入れ、ほうれん草を根元から入れて1分ほどゆで、ざるにあげて粗熱を取る。

2 水けを絞り、根元を切り落として3〜4cm幅に切る。再度水けを絞る。

3 ボウルにを合わせる。**2**を入れてよくあえる。

きゅうりともやしのツナごまあえ

ツナとごまの風味で箸がすすむ。

| ¥ 費用 158円 | ⏱ 調理 15分 | 保存 冷蔵3日間 | 🍲 鍋調理 | 🍱 お弁当に | 👧 子どもOK |

材料（保存容器中1個分）

きゅうり ………………………………………	3本
もやし …………………………………………	½袋
ツナ缶（油漬けタイプ） …………………	1缶
A 調味酢 ……………………………………	大さじ2
砂糖、しょうゆ、すり白ごま ……各大さじ1	

作り方

1 きゅうりはまな板の上に並べ、塩適量（分量外）を振って転がし、キッチンペーパーで包み、10分〜一晩おく。水けが出たら、両端を切り落としてから3等分し、細切りにする。

2 なべに湯を沸かして、もやしを入れ、フタをして1〜2分ゆで、ざるにあげて水けを切る。

3 ボウルに**A**を混ぜ合わせ、ツナを缶汁ごと加え、さらに**1**、**2**を加えてあえる。

酢ごぼう

ポリポリぱくぱく食べられる。

| ¥ 費用 97円 | ⏱ 調理 15分 | 🔧 改良 レシピ | 保存 冷蔵7日間 | 🍲 鍋調理 | 🍱 お弁当に |

材料（保存容器中1個分）

ごぼう …………………………………………	1本
A 調味酢 …………………………………	大さじ1
しょうゆ ……………………………………	小さじ2
砂糖、白だし、いり白ごま ………	小さじ1

作り方

1 ごぼうは5cmくらいの長さに切り、さらに縦半分に切って水にさらす。なべに湯を沸かし、水けを切ったごぼうを入れて7〜8分ゆでる。

2 ボウルに**A**を混ぜ合わせ、水けを切った**1**を熱いうちに加えて混ぜ合わせる。

オクラのゆでびたし

冷たいままでもさっぱりおいしい。

¥ 費用	🕐 調理	♻ 改良	🧊 保存	🍲	🍱	👨‍👩
129円	10分	レシピ	冷蔵4日間	鍋調理	お弁当に	子どもOK

材料（保存容器中1個分）

オクラ ……… 1パック
かつお節
（小分けタイプ）
………… ½パック

Ⓐ しょうゆ‥大さじ½
白だし … 小さじ1
しょうが（チューブ）
………… 3cm

作り方

1 なべに湯を沸かす。オクラはヘタを薄く切り落とし、ガクの部分をぐるっとそぐように切る。まな板の上に並べ、塩小さじ½（分量外）を振って転がし、板ずりをする。

2 1のなべにオクラを入れて3分ほどゆでる。保存容器にⒶを入れて混ぜ合わせる。

3 オクラをざるにあげて水けを切り、熱いうちに保存容器に入れてあえる。かつお節をかける。

基本のポテトサラダ

にんにくを入れてうまみアップ。

¥ 費用	🕐 調理	♻ 改良	🧊 保存	🍲	🍱	👨‍👩
154円	20分	レシピ	冷蔵3日間	鍋調理	お弁当に	子どもOK

材料（保存容器中1個分）

じゃがいも ……… 2〜3個
にんじん …………… ⅓本
きゅうり …………… ⅓本
にんにく ………… 1かけ
薄切りハム ………… 4枚

Ⓐ マヨネーズ … 大さじ2.5
調味酢 ……… 大さじ½
砂糖 ………… 小さじ1
ブラックペッパー
………… 好みで

作り方

1 じゃがいもは2〜3cm角に切り、水にさらす。にんじんは薄いいちょう切りに、にんにくは半分に切る。ハムは1cm角に切る。きゅうりは薄切りにして塩小さじ⅓（分量外）で塩もみする。

2 なべに水けを切ったじゃがいも、にんじん、にんにくを入れ、かぶるくらいの水を入れて火にかける。煮立ったら弱火にして6〜7分ゆでる。

3 火を止めてにんじんを取り出し、水けを切る。じゃがいも、にんにくはなべに残して湯だけ捨て、フォークなどでつぶす。

4 3にⒶを加えてまんべんなく混ぜ合わせ、弱火にかけて余分な水分を飛ばす。

5 にんじん、ハム、水けを切ったきゅうりを加えて全体をあえる。

かぼちゃの塩バターあえ

バターの風味で甘みが引き立つ。

¥ 費用 171円	🕐 調理 20分	🍴 改良 レシピ	保存 冷蔵5日間	🍲 鍋調理	📱 お弁当に	👧👦 子どもOK

材料（保存容器大1個分）

かぼちゃ …………………………………………… ½個
塩 …………………………………………………… 小さじ1
バター ……………………………………………… 20g

作り方

1 かぼちゃはスプーンなどで種を取って一口大に切り、ところどころ皮を切り落とす。

2 なべに**1**を皮を下にして並べ、ひたひたになるぐらいの水と塩を加える。フタをして火にかけ、煮立ったら弱火にしてやわらかくなるまで煮る。

3 **2**の湯を捨て、バターをからめる。

ブロッコリーと卵のオイマヨあえ

かつお節とオイスターソースでコクうま。

¥ 費用 149円	🕐 調理 15分	保存 冷蔵4日間	🍲 鍋調理	📱 お弁当に	👧👦 子どもOK

材料（保存容器中1個分）

ブロッコリー ………………………………………… 1株
卵 ……………………………………………………… 2個
A マヨネーズ ……………………………… 大さじ2
オイスターソース ……………………… 大さじ1
かつお節（小分けタイプ）………… 1パック

作り方

1 卵は常温に戻し、水から10分ほどゆでて固ゆでにし、粗みじんに切る。ブロッコリーは小房に切り分ける。

2 なべにたっぷりの湯を沸かし、塩少々（分量外）とブロッコリーを入れて2〜3分ゆで、ざるにあげて粗熱を取る。

3 ボウルに**1**のゆで卵と**A**を混ぜ、**2**を加えてあえる。

中華春雨サラダ

さっぱりおいしく、つるりと食べられる。

¥ 費用 286円	⏱ 調理 10分	改良レシピ	🗄 保存 冷蔵3日間	🍲 鍋調理	電子レンジ調理	お弁当に	👧👧 子どもOK

材料（保存容器大1個分）

乾燥春雨	40g
薄切りハム	4枚
きゅうり	1本
にんじん	½本

A
穀物酢	大さじ3
砂糖	大さじ2
しょうゆ	大さじ1.5
水	大さじ1

B
ごま油	大さじ1.5
しょうが(チューブ)	5cm
いり白ごま	適量

作り方

1 なべに湯を沸かして乾燥春雨を戻し、水けを切る。ハム、にんじん、板ずりにしたきゅうりを細切りにする。にんじんは耐熱容器に入れてふわりとラップをし、500Wの電子レンジで1〜2分加熱し、水気を切る。

2 **A**を耐熱容器に入れてふわりとラップをかけ、500Wの電子レンジで1分30秒加熱する。

3 ボウルに**B**と**2**を入れ、**1**とよくあえる。

小松菜とささみのごまあえ

野菜もタンパク質もとれるバランスおかず。

¥ 費用 217円	⏱ 調理 15分	改良レシピ	🗄 保存 冷蔵4日間	🍲 鍋調理	電子レンジ調理	お弁当に	👧👧 子どもOK

材料（保存容器大1個分）

鶏ささみ	2本
小松菜	3株
にんじん	⅓本
塩	小さじ½
酒	大さじ1

A
しょうゆ、砂糖、いり白ごま	大さじ1
ごま油	少々(好みで)

作り方

1 なべにたっぷりの水と塩を入れ、火にかける。沸騰したら小松菜の茎の部分を30秒、続いて全体を30秒ほどゆでる。ざるにあげて、全体を絞って水けを切り、2cm幅に切る。

2 にんじんは細切りにする。耐熱容器に入れ、500Wの電子レンジで4分加熱し、水けを切る。

3 ささみは観音開きにして耐熱容器に入れ、上から酒を振る。ぴったりラップをして、電子レンジの解凍モード(150W)で8分加熱し、手でほぐす。

4 ボウルに**A**を混ぜ合わせ、**1**、**2**、**3**を加えてあえる。

マカロニサラダ

翌日は味がなじんで、よりおいしい。

¥ 費用 124円	🕐 調理 15分	🗄 保存 冷蔵3日間	🍲 鍋調理	電子レンジ調理	お弁当に	👦👧 子どもOK

材料（保存容器大1個分）

マカロニ ………………… 50g
卵 ……………………………… 2個
玉ねぎ ……………………… ¼個
にんじん …………………… ½本
パセリ …………………… 好みで

A マヨネーズ、調味酢
　　……………… 各大さじ2
サラダ油 …… 大さじ1
顆粒コンソメ、しょうゆ
　　……………… 各小さじ1
粗びき黒こしょう
　　………………………… 少々

作り方

1 卵は常温に戻し、水から10分ほどゆでて固ゆでにし、粗みじん切りにする。マカロニは袋の表示より1分短くゆで、水けを切る。にんじん、玉ねぎは細切りにして耐熱容器に入れ、ふわりとラップをして500Wの電子レンジで2～3分加熱し、水けを切る。

2 1の卵とAをよく混ぜ合わせ、マカロニ、にんじん、玉ねぎを加えてあえる。好みでパセリを散らす。

ピリ辛もやしナムル

ごま油と豆板醤がアクセント。

¥ 費用 86円	🕐 調理 5分	🍴 改良 レシピ	🗄 保存 冷蔵3日間	🍲 鍋調理	お弁当に

材料（保存容器中1個分）

もやし ……………………………………… 1袋
穀物酢 …………………………………… 大さじ½
A しょうゆ、ごま油、いり白ごま … 各大さじ½
　中華スープのもと …………………… 小さじ½
　豆板醤 ………………………………… 小さじ⅓
　にんにく（チューブ）…………………… 2cm

作り方

1 なべに水1Lと酢を入れ、沸騰させる。もやしを入れ、少しずらしてフタをし、強めの中火で1分30秒ゆでる。

2 ざるにあげて粗熱を取り、キッチンペーパーでおさえて水けをふき取る。

3 ボウルにAを入れ、よく混ぜ合わせる。2を入れてあえる。

半熟煮卵

うまみがしみ込んだとろーり煮卵。

¥ 費用 78円	⏱ 調理 15分	♻ 改良 レシピ	🗄 保存 冷蔵4日間	🍳 鍋調理	🍱 お弁当に	👧👦 子どもOK

材料（保存容器中1個分）

卵 ··· 4個
Ⓐ　水 ··· 50mL
　　みりん、砂糖、オイスターソース
　　　　　　　　　　　　　　 各大さじ1.5
　　しょうゆ ······························ 大さじ½

作り方

1　卵は常温に戻す。なべに湯を沸かし、お玉でそっと卵を入れて湯がふつふつと沸く火加減で6〜7分ゆでる。

2　1の湯を捨て、冷水で卵を冷やして殻をむく。

3　なべにⒶを入れて火にかけ、ひと煮立ちさせてポリ袋に入れる。卵を入れたらしっかりと空気を抜く。一晩漬けてからが食べごろ。

基本のひじきの煮物

小鉢にぴったり、ほっとする副菜。

¥ 費用 156円	⏱ 調理 30分	❄ 冷凍 OK	🗄 保存 冷蔵5日間	🍳 鍋調理	🍱 お弁当に	👧👦 子どもOK

材料（保存容器中1個分）

乾燥芽ひじき ······························ 15g
にんじん（小） ···························· 1本
油揚げ ·· 1枚
しょうゆ ······························ 大さじ2
Ⓐ　みりん ······························ 大さじ2
　　酒、砂糖 ···················· 各大さじ1

作り方

1　ひじきは水で戻す。にんじんはせん切りにする。油揚げは熱湯をかけて油抜きをし、キッチンペーパーで軽くおさえて水けをふき取り、細切りにする。

2　なべに1を入れ、水100mLを注いでⒶを加え、落としブタをして煮立たせる。煮立ったら弱火にし、10分ほど煮る。

3　落としブタを取り、しょうゆを入れて全体を混ぜる。再び落としブタをし、5分ほど煮る。

切り干し大根の煮物

ほんのり甘いやさしい味。

| ¥ 費用 155円 | ⏱ 調理 20分 | 改良レシピ | ❄ 冷凍 OK | 🗄 保存 冷蔵7日間 | 🍲 鍋調理 | 📦 お弁当に | 👧 子どもOK |

材料（保存容器大1個分）

切り干し大根 ············ 40g
にんじん（小） ············ 1本
油揚げ ············ 2枚
切り干し大根の戻し汁 ·· 適量

しょうゆ ············ 大さじ2
塩 ············ 少々（好みで）
A　酒、みりん
　　············ 各大さじ2

作り方

1 切り干し大根は多めの水で戻す。手で絞って水けを切り、食べやすい長さに切る。戻し汁はとっておく。にんじんは細切りにする。油揚げは熱湯をかけて油抜きをし、キッチンペーパーで軽くおさえて水けをふき取り、細切りにする。

2 なべににんじん、油揚げ、切り干し大根を順番に入れる。戻し汁をひたひたに入れ、Aを加える。

3 落としブタをして火にかけ、煮立ったら弱火で15分ほど煮る。

4 しょうゆを入れ、煮汁が少なくなるまで煮る。好みで、塩で調味する。

さつまいものレモン煮

あっさりさっぱりの落ち着く味。

| ¥ 費用 103円 | ⏱ 調理 30分 | 改良レシピ | ❄ 冷凍 OK | 🗄 保存 冷蔵7日間 | 🍲 鍋調理 | 📦 お弁当に | 👧 子どもOK |

材料（保存容器中1個分）

さつまいも ································ 1本
A　砂糖 ································ 大さじ2
　　レモン汁 ································ 小さじ2

作り方

1 さつまいもはよく洗い、皮つきのまま輪切りにする。3分ほど水にさらし、軽く水けを切る。

2 なべに1を寝かして並べ、水200mLを注いでAを加え、落としブタをして火にかける。

3 煮立ったらごく弱火にして20分ほど煮る。

ツナと大根の煮物

厚めの大根にしみこむ煮汁。

¥ 費用 144円	🕐 調理 40分	❄ 冷凍 OK	🗄 保存 冷蔵4日間

🍲 鍋調理　　📺 電子レンジ調理　　🍱 お弁当に　　👫 子どもOK

材料（保存容器中1個分）

大根 ·· ½本
ツナ缶（油漬けタイプ）································ 1缶
しょうゆ ··· 大さじ1.5
小ねぎ（小口切り）····································· 好みで
Ⓐ みりん ·· 大さじ2
　白だし ·· 大さじ½
　水 ·· 200mL

作り方

1 大根は3〜4cmの厚さの輪切りにし、皮をむいて十字に切る。耐熱容器に並べ、ふわりとラップをして500Wの電子レンジで10分加熱する。

2 なべに大根、Ⓐを入れ、フタをして煮立たせる。

3 煮立ったらフタを取り、弱めの中火にしてツナ、しょうゆを入れる。落としブタをして20分煮る。

4 大根に中まで火が通ったら火を止め、好みで小ねぎを散らす。

かぼちゃの煮物

覚えやすく作りやすいシンプルレシピ。

¥ 費用 57円	🕐 調理 15分	❄ 冷凍 OK	🗄 保存 冷蔵5日間

🍲 鍋調理　　🍱 お弁当に　　👫 子どもOK

材料（保存容器中1個分）

かぼちゃ ·· ¼個
Ⓐ 酒、みりん、しょうゆ、砂糖 ····· 各大さじ1

作り方

1 かぼちゃはスプーンなどで種を取って一口大に切り、ところどころ皮をそぐようにむく。

2 皮を下にしてなべにしき詰める。水100mLを注いでⒶを加え、フタをして火にかける。

3 煮立ったら落としブタをして、弱火でやわらかくなるまで煮る。

肉じゃが

ほっと落ち着く定番料理。

| ¥ 費用 307円 | ⏱ 調理 30分 | 🗄 保存 冷蔵5日間 | 🍲 鍋調理 | 🍱 お弁当に | 👧👦 子どもOK |

材料（保存容器中1個分）

豚こま切れ肉 ………… 150g	ゆで絹さや … 10枚（好みで）
じゃがいも ……… 1〜2個	Ａ 砂糖 ………… 大さじ3
にんじん（小）………… 1本	｜ しょうゆ ……… 大さじ2
玉ねぎ ……………… ½個	

作り方

1 じゃがいもは食べやすい大きさに切り、水にさらす。にんじんは半月切り、玉ねぎは薄切りにする。豚肉は食べやすい大きさに切る。

2 なべに水けを切ったじゃがいも→にんじん→玉ねぎ→豚肉の順に入れ、水100mLを注ぎ、Ａを加える。

3 フタをして中火にかけ、煮立ったら弱火にして、じゃがいもがやわらかくなるまで15分ほど煮る。

4 全体をひと混ぜして絹さやを加え、煮汁がなくなるまで煮る。

ラタトゥイユ

たっぷり野菜のおいしさが凝縮。

| ¥ 費用 564円 | ⏱ 調理 30分 | 🔄 改良 レシピ | ❄ 冷凍 OK | 🗄 保存 冷蔵5日間 | 🍳 フライパン調理 | 🍲 鍋調理 | 👧👦 子どもOK |

材料（保存容器中1個分）

トマト ……………… 2個	ズッキーニ …………………… ½本
玉ねぎ ……………… ½個	パプリカ（赤・黄）……… 各1個
ピーマン …………… 1個	サラダ油 ………………… 大さじ3
にんにく …………… 1かけ	Ａ 白ワイン …………… 50mL
なす ………………… 1本	｜ 塩 ……………… 小さじ1

作り方

1 トマトは1.5cm角の角切りに、玉ねぎ、ピーマン、にんにくはすべてみじん切りにする。

2 1をなべに入れ、中火でトマトをつぶしながら炒め合わせる。トマトがある程度つぶれたらＡを加え、軽くかき混ぜてフタをし、弱めの中火で5分ほど煮る。フタを取り、弱火でさらに5〜10分煮る。

3 なすは1.5cm角の角切りにする。切ったらすぐにフライパンに入れ、油をからませる。ズッキーニ、パプリカも同様に角切りにする。

4 フライパンにズッキーニを加え、2〜3分炒める。パプリカを加え、全体に油が回るよう炒め合わせたら2のなべに移し、2分ほど煮込む。

オーブン のおかず

素材の味がほっくり生きるオーブンおかず。材料を混ぜ合わせて焼くだけのシンプルな工程でも、
表面はこんがり、中はしっとり、自然とおいしくできあがります。

ほうれん草と玉ねぎのオーブンオムレツ

お弁当に入れやすい大きさに切って保存しておくとらくちん。

| ¥ 費用 303円 | 🕐 調理 30分 | 保存 冷蔵4日間 | 🍲 鍋調理 | オーブン調理 | お弁当に | 子どもOK |

材料（保存容器大1個分）

卵 ……………………… 4個
ほうれん草 …………… 1袋
玉ねぎ ………………… ½個
塩（塩ゆで用）…… ひとつまみ

ミックスチーズ ……………… 適量
Ａ マヨネーズ ………… 大さじ1
　 顆粒コンソメ ……… 小さじ1
　 塩 …………………… 少々

作り方

1 ほうれん草はよく水洗いし、20〜30秒塩ゆでにする。すぐに冷水にさらし、冷めたら軽く絞って水けを切る。4〜5cm幅に切り分け、手で絞ってしっかりと水けを切る。

2 オーブンは200℃に予熱する。玉ねぎはみじん切りにする。

3 ボウルに卵とＡを入れ、よく溶きほぐす。ほうれん草、玉ねぎを加え、ざっくり混ぜ合わせる。

4 耐熱容器にクッキングシートをしき、**3**を流し入れる。上からチーズを散らし、オーブンで20〜25分焼く。

玉ねぎチーズのオーブン焼き

簡単すぎるのに味はばっちり。焦げめのついたチーズもおいしい。

| ¥ 費用 109円 | 🕐 調理 30分 | 保存 冷蔵4日間 | オーブン調理 | お弁当に | 子どもOK |

材料（保存容器大1個分）

玉ねぎ ………………… 1個
ミックスチーズ ………… 適量
サラダ油 …………… 大さじ1

Ａ 塩 …………………………… 少々
　 ブラックペッパー …… 好みで

作り方

1 オーブンは200℃に予熱する。

2 玉ねぎは縦半分に切り、横1cm幅に切る。

3 クッキングシートをしいた天板に玉ねぎを並べる。油をかけて、Ａを振り、チーズをのせる。

4 オーブンで15〜20分焼く。

ポテトマッシュキッシュ

身近な材料でできる素朴な味。

¥ 費用 253円	調理 40分	❄ 冷凍 OK	保存 冷蔵4日間	電子レンジ調理	オーブン調理 お弁当に 子どもOK

材料（直径22cmのパイ皿）

＜パイ生地＞
Ⓐ 薄力粉 … 120g
　牛乳 ……… 50g
　サラダ油
　　　　　… 30g
　塩 ………… 3g

＜具材＞
じゃがいも …… 2個
ハーフベーコン ‥ 4枚
ミニトマト …… 5個
ミックスチーズ ‥ 適量
パセリ ……… 好みで

Ⓑ 卵 ………… 2個
　牛乳 ‥ ⅔カップ
　顆粒コンソメ
　　　… 小さじ1

作り方

1　オーブンは220℃に予熱する。

2　ボウルにⒶを入れ、フォークなどで混ぜる。ひとまとまりになったら薄くのばす。パイ皿の内側に少量の油（分量外）をまんべんなく塗り、生地をしき、冷蔵庫で冷やす。

3　じゃがいもは1〜2cm角の角切りにし、2〜3分水にさらす。ベーコンは1cm幅の細切りにする。ミニトマトは縦半分に切る。

4　じゃがいもの水けを切り、耐熱容器に入れる。ふわりとラップをし、500Wの電子レンジで6分加熱する。

5　ボウルにじゃがいもを入れてマッシュしたら、Ⓑを入れ、よくかき混ぜる。

6　5にベーコンを入れて軽くかき混ぜ、冷蔵庫から出したパイ皿に流し入れる。ミニトマトを入れて表面を平らにし、上からチーズをかける。

7　オーブンで20〜25分焼く。好みでパセリを散らす。

ほくほくかぼちゃのグリル

かぼちゃの自然な甘みが感じられる簡単常備菜。

¥ 費用 141円	調理 20分	保存 冷蔵5日間	オーブン調理	お弁当に	子どもOK

材料（保存容器中1個分）

かぼちゃ ……………… ¼個

Ⓐ 塩 ……………………… 少々
　サラダ油 …………… 大さじ1

作り方

1　オーブンは200℃に予熱する。

2　かぼちゃはスプーンなどで種を取り除き、食べやすい大きさに切り、皮をところどころそぐようにむく。

3　天板にクッキングシートをしき、かぼちゃをのせ、かぼちゃの表面全体にⒶをからませる。からませたら、皮を上、もしくは火の強いほうに向けて並べる。

4　オーブンで15〜20分、中に火が通るまで焼く。

長いもと卵のグラタン

マヨネーズとチーズをのせたら、あとはオーブンまかせ。

（¥）費用 **370**円　（時計）調理 **30**分　保存 冷蔵**3**日間　オーブン調理　お弁当に　子どもOK

材料（保存容器大1個分）

長いも …… 約300g　　マヨネーズ … 大さじ1.5
卵 ……………… 2個　　チーズ、ブラックペッパー
薄切りハム …… 5枚　　……………… 各適量
　　　　　　　　　　　パセリ ………… 好みで

作り方

1 卵は固ゆでにし、輪切りにする。長いもは皮を
むき、5mm幅くらいの輪切りにする。ハムは
適当な大きさに切る。

2 オーブンは180℃に予熱する。耐熱容器に、
長いも、ハム、卵が交互になるように並べて、
上からマヨネーズ、ブラックペッパー、チーズ
をかける。

3 2をオーブンで15分ほど焼く。好みでパセリを
散らす。

ツナポテチーズのオーブン焼き

ホーロー容器で焼けば、そのまま持ち寄りパーティーに持っていけます。

（¥）費用 **217**円　（時計）調理 **30**分　保存 冷蔵**4**日間　オーブン調理　お弁当に　子どもOK

材料（保存容器大1個分）

じゃがいも …………… 2個
スライスチーズ
（溶けるタイプ）
……………… 2枚
パセリ ………… 好みで

Ⓐ ツナ缶（油漬けタイプ）
………………… 1缶
マヨネーズ … 大さじ1
顆粒コンソメ … 小さじ½

Ⓑ サラダ油 …… 大さじ1
塩、ブラックペッパー
………………… 各少々

作り方

1 オーブンを220℃に予熱する。じゃがいもは、1個は2cm
角の角切りに、もう1個は細切りにする。

2 角切りにしたじゃがいもを耐熱容器に入れ、ふわりとラップ
をし、500Wの電子レンジで3〜4分加熱する。フォークな
どでなめらかになるまでつぶしたら、Ⓐを入れ、よくあえる。

3 ボウルに細切りにしたじゃがいもとⒷを加えて、軽くから
ませる。

4 耐熱容器にクッキングシートをしき、2、スライスチーズ、3
の順に重ねて入れてオーブンで20分焼く。好みでパセリを
散らす。

火を使わない おかず

フライパンもなべもオーブンも一切不要。電子レンジさえ使わないおかずもあります。
素材を切ってあえたり漬けたりするだけでも、おいしい常備菜は作れます。

基本のコールスロー

スタンダードな味付けで、飽きのこないコールスロー。

¥ 費用 153円	⏱ 調理 30分	保存 冷蔵3日間	お弁当に	子どもOK

材料（保存容器大1個分）

キャベツ ……………… ½玉
にんじん ……………… ⅓本
コーン ……………… 約50g
塩（塩もみ用）…… 小さじ1

Ⓐ 穀物酢、砂糖
　　　　………… 各大さじ3
マヨネーズ、サラダ油
　　　　………… 各大さじ1
レモン汁 …… 大さじ½

作り方

1 キャベツはせん切りに、にんじんは長さ2〜3cmのせん切りにする。

2 ボウルにキャベツ、にんじん、塩を入れ、もみ込む。ざるにあげて10〜20分おき、手で絞ってしっかりと水けを切る。

3 ボウルにⒶを入れ、よく混ぜ合わせる。2、コーンを入れ、全体に味がいきわたるようあえる。

にんじんのツナごまあえ

定番のツナあえはやみつきになる味わい。

¥ 費用 157円	⏱ 調理 10分	❄ 冷凍 OK	保存 冷蔵4日間	電子レンジ調理	お弁当に	子どもOK

材料（保存容器中1個分）

にんじん ……………… 1〜2本

Ⓐ ツナ缶（油漬けタイプ）‥1缶
すり白ごま ……… 大さじ1.5
調味酢 ……………… 小さじ2
しょうゆ …………… 小さじ1

作り方

1 にんじんはせん切りにする。耐熱容器に入れ、ふわりとラップをし、500Wの電子レンジで3分加熱する。

2 Ⓐをボウルで混ぜ合わせる。

3 加熱したにんじんをざるにあげて水けを切り、2のボウルに入れ、よくあえる。

ツナとパプリカのマリネ

さっぱり味のマリネはしっかり冷やすのがおいしい！

¥ 費用 304円	🕐 調理 10分	保存 冷蔵4日間	電子レンジ調理	お弁当に	子どもOK

材料（保存容器中1個分）

パプリカ（赤・黄）
　　　………… 各1個
玉ねぎ ………… ¼個
ツナ缶
（油漬けタイプ）
　　　………… 1缶

Ⓐ　穀物酢 … 大さじ3
　　砂糖 …… 大さじ1
　　塩 ………… 少々
パセリ ………… 好みで

作り方

1　パプリカは細切りに、玉ねぎは薄切りにする。

2　耐熱容器にパプリカ、玉ねぎを広げて入れ、ふわりとラップをして500Wの電子レンジで4分加熱し、ざるにあげて水けを切る。

3　ボウルにツナ缶、Ⓐを入れ、混ぜ合わせる。

4　3のボウルにパプリカ、玉ねぎを入れ、よくあえる。好みでパセリを散らす。

きゅうりのピリ辛ラー油あえ

ピリ辛なので晩酌にもオススメ。

¥ 費用 119円	🕐 調理 5分	保存 冷蔵3日間	お弁当に

材料（保存容器中1個分）

きゅうり ……… 3本
塩（板ずり用）
　　　………… 小さじ½

Ⓐ　ごま油 … 大さじ1
　　しょうゆ、
　　　中華スープのもと
　　　…… 各小さじ1
　　ラー油 … 小さじ½
　　いり白ごま
　　　……… 大さじ½

作り方

1　きゅうりは板ずりをし、キッチンペーパーで塩と水気をふき取る。両端を切り落とし、乱切りにする。

2　ポリ袋にきゅうり、Ⓐを入れ、よくもみ込む。できるだけ空気を抜き、ポリ袋の口を閉じ、冷蔵庫に入れて一晩以上おくと、味がしみる。

ピーマンのうま塩あえ

ごまの香りとやみつき味がたまりません。

（¥）費用 240円　（時計）調理 10分　（冷凍）冷凍 OK　（保存）保存 冷蔵5日間　（電子レンジ）電子レンジ調理　（子ども）子どもOK

材料（保存容器中1個分）

ピーマン …………………………………… 8個
A　ごま油 …………………………………… 大さじ1
　　うまみ調味料 …………………………… 小さじ½
　　塩 ………………………………… 2〜3つまみ
　　にんにく（チューブ） ………………… 3cm
　　いり白ごま …………………………… 適量

作り方

1　ピーマンは細切りにする。耐熱容器に入れ、ふわりとラップをし、500Wの電子レンジで4分加熱する。

2　Aをボウルで混ぜ合わせる。

3　ピーマンをざるにあげて水けを切ったら、熱いうちに2のボウルに入れ、よくあえる。

キャロットラペ

冷蔵庫で3日ほど保存すると、なおおいしい。

（¥）費用 131円　（時計）調理 15分　（保存）保存 冷蔵7日間　（お弁当）お弁当に　（子ども）子どもOK

材料（保存容器中1個分）

にんじん ………………………………… 1本
塩（塩もみ用） ………………………… 小さじ½
レーズン ………………………………… 約30g
A　白ワインビネガー、オリーブオイル
　　　　　　　　　　　　　　　…… 各大さじ1
　　砂糖、レモン汁 ……………………… 各小さじ½
　　ブラックペッパー …………………… 好みで

作り方

1　にんじんはせん切りにする。ボウルに入れて塩もみし、10分ほどおく。

2　別のボウルにAを入れ、よく混ぜ合わせる。

3　にんじんの水けをキッチンペーパーでふき取り、レーズンと一緒に2のボウルに入れ、よくあえる。

切り干し大根のはりはり漬け

ポリポリとした食感がおいしい漬け物。

¥ 費用 337 円	⏲ 調理 10 分	🗄 保存 冷蔵7日間	🔲 電子レンジ調理	▪🗄 お弁当に	👧👧 子どもOK

材料（保存容器大1個分）

切り干し大根 ………… 50g
にんじん ……………… ½本
切り昆布 ……………… 約5g

Ⓐ 調味酢 ……… 大さじ3
しょうゆ、煮切りみりん
……… 各大さじ1.5
白だし ……… 大さじ½
赤唐辛子（輪切り）… 好みで

作り方

1 切り干し大根は水で戻し、手で絞って水けを切り、食べやすい長さに切る。切り昆布は水で戻し、ざるにあげて水けを切る。

2 にんじんは皮をむき、細切りにする。耐熱容器に入れ、ふわりとラップをし、500Wの電子レンジで1分加熱する。加熱後は、キッチンペーパーでおさえて水けをふき取る。

3 Ⓐをボウルで混ぜ合わせる。

4 3のボウルにすべての材料を入れ、よくあえる。

お豆とひじきの健康サラダ

ひじきを戻して混ぜるだけ。

¥ 費用 220 円	⏲ 調理 15 分	🗄 保存 冷蔵5日間	🔲 電子レンジ調理	▪🗄 お弁当に	👧👧 子どもOK

材料（保存容器大1個分）

乾燥芽ひじき ……… 約10g
ミックスビーンズ
……………… 1袋（125g）
ゆでえだまめ ……… 10さや
にんじん ……………… ⅓本

Ⓐ すり白ごま … 大さじ2
砂糖 ……… 大さじ1.5
穀物酢、マヨネーズ
………… 各大さじ1
しょうゆ …… 小さじ1

作り方

1 ひじきは湯に10分ほどひたして戻す。ミックスビーンズはざるにあげて水けを切る。えだまめはさやから出す。

2 にんじんを細切りにして耐熱容器に入れ、ふわりとラップをし、500Wの電子レンジで2分加熱する。加熱したら、ざるにあげて水けを切る。

3 ひじきが戻ったら、ざるにあげて水けを切る。

4 ボウルにⒶを混ぜ合わせ、材料をすべて入れ、よくあえる。

セロリの塩昆布ごま酢あえ

ごま油を加えて、クセになる系の味付けに。

¥ 費用 120円　🕐 調理 10分　保存 冷蔵5日間　お弁当に　子どもOK

材料（保存容器中1個分）

セロリ（茎のみ）	2本
Ａ　塩昆布	3つかみくらい
調味酢、ごま油	各大さじ1
いり白ごま	適量

作り方

1　セロリはすじを取り、薄めの斜め切りにする。

2　ボウルにＡの調味料を混ぜ合わせ、1を加えて
あえる。

かぶときゅうりの塩漬け

彩りもよく、箸休めにもぴったり。

¥ 費用 265円　🕐 調理 10分　保存 冷蔵7日間　お弁当に

材料（保存容器中1個分）

かぶ	3個
きゅうり	1本
Ａ　塩	小さじ1.5
砂糖	小さじ1
うまみ調味料	少々

作り方

1　かぶは葉を切り落とし、皮を厚めにむいて乱切
りにする。きゅうりも乱切りにする。

2　ポリ袋に1とＡを入れて、よくもみ込む（野菜
から水分が出て漬かっていく）。

オマケ　おやつ

朝食や子どものおやつにぴったりな簡単スイーツのレシピをおまけでどうぞ。
サラダ油で作れるのでコスパよし。ある意味テキトーに作るのがさっくり仕上げるポイントです。

簡単プレーンスコーン

| ￥ 費用 79円 | ⏱ 調理 30分 | ❄ 冷凍 OK | 🗄 保存 常温4日間 | オーブン調理 | 子どもOK |

材料（8〜9個分）

Ⓐ
薄力粉 ……………………………… 200g
ベーキングパウダー …………… 10g
砂糖 …………………………… 大さじ1
塩 ……………………………………… 2g

牛乳 ………………………………… 80mL
サラダ油 ……………………………… 50g

生地伸ばしを手で
おおざっぱにやっても
失敗しないスコーン

作り方

1 オーブンは180℃に予熱する。

2 ボウルに**Ⓐ**を入れ、まんべんなく混ぜ合わせたら油を入れ、生地がポロポロになるまで手で混ぜる。牛乳は3回くらいに分けて入れて、その都度ざっくり混ぜてひとまとめにする。

3 **2**を2cmほどの厚さに伸ばしたら、半分に折りたたむ。伸ばして半分に折りたたみ、また伸ばし…を5回くらい繰り返す。

4 最後に1〜2cmの厚さに伸ばし、型で抜いて、クッキングシートをしいた天板に並べる。

5 オーブンで15〜20分焼く。

📝メモ

こねすぎると粘りけが出て、さっくりした食感になりません。おおざっぱに混ぜて、ひとかたまりになればOK。伸ばすときは、麺棒を使うとラクです。なければ手で伸ばしても。私はコップで型抜きをしますが、型抜きではなく、適当な大きさに切ってもOKです。どんな形にしろ、断面を作ることが、スコーンならではのふくらみを作るコツです。

ブロッコリーのゆで方 /
レタスの保存法

お弁当のすきま埋めや緑のおかずとして大活躍するブロッコリーやレタスは、作り置きのついでにまとめて下ごしらえしておくと便利です。

ブロッコリーのゆで方

1 なべに水を八分目まで入れ、塩小さじ1を入れて火にかける。

2 ブロッコリーは水につけて振り洗いし、小房に分ける。茎は根元を切り落として皮をむき、適当な大きさに切る。

3 なべの水が沸騰したら、茎を入れる。小房は茎の部分を下にして浮かべる。

4 中火で3分ほどゆでる。

5 ざるにあげて、自然に冷ます。

📝 メモ

ブロッコリーは1株の大きさにバラつきがあるので、ゆで時間は目安です。ゆですぎると日持ちが悪くなるので、慣れないうちは少し短めのゆで時間でゆでるとよいです。

水につけずに
自然に冷まします

レタスの保存法

1 1枚ずつ葉をはがして洗い、サラダスピナーなどでよく水けを飛ばす（スピナーがない場合は、キッチンペーパーなどで水けをしっかりふき取る）。

2 ポリ袋に入れて密閉したら、冷蔵庫へ。

📝 メモ

野菜専用の保存袋を使うと、2〜3日新鮮なまま使えます。

野菜専用の
保存袋が便利

保存の基本について

作り置きおかずの保存に関して、私が気をつけていることや長持ちのコツです。

1 保存容器と調理器具は清潔に

しっかり洗って、しっかり乾かすことに何より気を配っています。角の部分は特に汚れが残りやすいので気をつけて洗います。おかずを取り分ける箸やスプーンも同様です。市販の台所用除菌スプレーを使ったり、素材によっては煮沸消毒や熱湯消毒をこまめにするのもよいかもしれません。

2 しっかり冷ましてから冷蔵庫へ

板状の保冷剤がオススメ！

できあがったおかずは、粗熱を取ってから容器に移し、フタを開けたまま完全に冷ましてから冷蔵庫に入れます。キャンプ用の大型保冷剤の上で冷ますと便利です。

3 日持ちが悪いものから食べ切る

水分が少ないもの、しっかり加熱してあるもの、酢をたっぷり使っているものは比較的日持ちがよいです。その週に食べ切れないものは冷凍して翌週に持ち越すので、ハンバーグやから揚げなどの冷凍しやすいレシピは週の後半に回して食べることが多いです。

4 取り分けにもひと工夫

汁けのあるものは容器の底から取る、あえものは上下を返して混ぜるなどの工夫をすると、味が均一になって最後までおいしく食べられます。混ぜるときはもちろん清潔な箸を使います。

5 水分調整がカギとなる

きゅうりのような水っぽい野菜はあらかじめ板ずりをして余計な水分を出してから、ほうれん草などのゆで野菜はしっかり水けを切ってから調理します。容器に詰めるときも、湯気で水滴がつかないように気をつけています。

保存容器の
メリットデメリット

さまざまな保存容器を実際に使っているうちに、使用感の違いがわかってきました。作り置きを始めた最初の頃はプラスチック製の保存容器を使っていましたが、今はホーロー製品とガラス製品をメインに使っています。それぞれによしあしがあるので、スタイルに合わせて使い分けるのがオススメです。

ホーロー

おなじみの野田琺瑯の製品を愛用しています。白の清潔感がとても素敵で、入れたものがおいしそうに見えます。汚れ落ちもよいです。ただ中身が見えないので、時間があるときはラベルを貼っています。

おいしそうに見える
清潔感がある
色・におい移りがない
オーブン・直火可
油汚れが落ちやすい

中身が見えない
スタッキングしにくい
高価
レンジ不可
フタは食洗器不可

耐熱ガラス

iwakiのガラス製品を使用しています。中身が見えること、レンジにかけられることが魅力です。フタがしっかりしたプラスチック製で、重ねて置いたときに安定感があります。フタにすきまがあるので、ものによってはフタの下にラップをしています。オーブンでも使用可能ですが、火の入り方がゆるやかなので、おかずによって使い分けています。

中身が見える
レンジ・オーブン可
色・におい移りがない
長く使える
汚れ落ちがいい

重い
スタッキングしにくい
フタにすきまがある
熱伝導率が悪い
洗うとき滑りやすい

プラスチック

スーパーなどでも比較的安価で手に入り、軽くて扱いやすいのが特徴です。冷凍もできますし、レンジにもかけられます。耐熱皿、耐熱ボウルがない場合は、下ごしらえにも使えます。作り置き生活の必須アイテムですが、使い込むと着色や変形、内側のざらつきが出てきます。

安い
気兼ねなく使える
レンジ可
スタッキング可
収納しやすい

色・におい移りがある
劣化しやすい
油汚れが落ちにくい

瓶

見た目がかわいい空き瓶や、WECKなどのデザイン性の高い瓶を使っています。調味液に漬けるピクルスや、自家製ソースなどの液体ものを入れます。ふりかけや佃煮を入れてもおしゃれですし、粉ものの保存にも向いています。意外と場所をとるのが気になるところ。

液体の保存に向く
しっかりフタができる
見た目がかわいい

使用用途の幅が狭い
スタッキングできない

つくおきの調味料

スタメン調味料

砂糖
（きび砂糖や三温糖）

塩・こしょう
（自然塩・粗びきタイプ）

酢
（調味酢・穀物酢）

しょうゆ

みそ
（麹みそ）

みりん
（本みりん）

料理酒
（食塩無添加）

薬味
（チューブタイプ）

白だし
（濃縮タイプ）

**中華スープの
もと**
（練りタイプ）

コンソメ
（顆粒タイプ）

米油
（サラダ油で代用可）

**オリーブ
オイル**

ごま油

**ポン酢
しょうゆ**

**トマト
ケチャップ**

マヨネーズ

中濃ソース

**カレールウ・
カレー粉**

＋αの調味料

粒マスタード

オイスターソース

コチュジャン

トウバンジャン
豆板醤

テンメンジャン
甜麺醤

レモン汁

エスニック系スパイス

ゆずこしょう

ラー油

バター

つくおきの調理器具

なべ

あらゆるゆでもの、煮物に使える直径16cmのフタつき片手なべ。お湯をたっぷり使う場合などは大なべも使います。

フライパン

直径26cmのフッ素樹脂加工フライパン。少し深さがあるので、揚げ物もできます。中身が見えるガラス製フタが便利。

まな板

数枚を使い分けています。大きいサイズは包丁の出番が多いときに。ミニサイズはちょこっと切りたいときに重宝します。

菜箸

両端が使えるタイプを愛用しています。作ったおかずを保存容器に移すときなどは、菜箸ではなく普通のお箸を使います。

ボウル

ステンレス製、耐熱ガラス製のものを用途に合わせて使い分けています。IKEAの小さいサイズのボウルも重宝します。

バット・網

揚げ物のときはもちろん、粉づけのときにも活用します。

ざる

盆ざるは私にとって欠かせないスタメンアイテム。ゆであがった野菜を湯切りし、広げて冷ますのに使っています。

計量スプーン

置いた状態でも液体を測れる、貝印のステンレス製のものを使用しています。大さじと小さじのみをスタンバイ。

計量カップ

上から見ても計量ラインがわかる、オクソーのカップが使いやすいです。合わせ調味料もこの中で作ってしまいます。

調理家電

出番が多いのはデロンギのコンベクションオーブンや電子レンジ、炊飯器、ケトルなど。魚焼きグリルはほとんど使わず、その分オーブン調理が多いです。

つくおき the BEST 材料別さくいん

きのこ類

豆腐・大豆製品

卵・乳製品